RAQUEL CARPENTER

CB129745

CONECTADAS AO CÉU

A BATALHA ESPIRITUAL DA MULHER

ANGELVS EDITORA

ÁGUA VIVA EDITORA

Dados Internacionais de Catalogação na Publicação (CIP)
(Câmara Brasileira do Livro, SP, Brasil)

Carpenter, Raquel
Conectadas ao céu : a batalha espiritual da mulher / Raquel Carpenter. -- São Paulo : Angelus Editora, 2024.

ISBN 978-65-89083-56-6

1. Deus (Cristianismo) - Adoração e amor 2. Esperança 3. Fé (Cristianismo) 4. Jesus Cristo 5. Mulheres - Aspectos religiosos - Cristianismo 6. Transformação I. Título.

24-227320 CDD-248.4

Índices para catálogo sistemático:

1. Batalha espiritual : Vida cristã : Cristianismo 248.4

Eliete Marques da Silva - Bibliotecária - CRB-8/9380

Conectadas ao Céu - A batalha espiritual da mulher
Copyright 2024 © Angelus Editora

2ª EDIÇÃO

Direção Editorial:
Maristela Ciarrocchi

Preparação:
Adora Comunicação

Revisão:
Adora Comunicação

Capa e Diagramação:
Priscila Venecian

ISBN: 9786589083566

RAQUEL CARPENTER

CONECTADAS AO CÉU

A BATALHA ESPIRITUAL DA MULHER

ANGELVS EDITORA

ÁGUA VIVA EDITORA

AGRADECIMENTOS

Agradeço a Deus por este chamado incrível de cuidar de mulheres. Este chamado iniciou quando, olhando para mim e minhas filhas espirituais, percebi que havia algo profundo em nós. Desbravei este mundo interior e me encantei com tamanha graça. Agradeço a cada uma de minhas filhas espirituais que foram o grande incentivo para que eu buscasse a melhor forma de trazê-las para a sua verdadeira essência. Agradeço a cada mulher que um dia compartilhou e confiou sua história aos meus cuidados. Agradeço à minha eterna educadora, minha mãe que, mesmo com seus traumas, me educou com a sabedoria divina e trouxe a maior riqueza que tenho: Deus. Agradeço às minhas irmãs que sempre foram meu exemplo. Agradeço ao meu pai que, com todo amor, me mostrou o grande valor de ser mulher. Agradeço às minhas amadas Roberta Castro e Karlla Pompermaier que compartilharam comigo esta obra tão sonhada. Agradeço às minhas amadas filhas Vivian Lacchine e Isabela Gomes que sempre estão comigo nestas "aventuras", me apoiando de todas as formas. Agradeço à Gabriele Sanchotene e às amadas da missão Canção Nova de Aracaju, que foram o pontapé inicial para que esta obra existisse. Enfim, agradeço à Maristela e à Editora Angelus, que sempre estão juntas acreditando e incentivando para que eu vá sempre mais longe. O meu "muito obrigada" a todos os que um dia fizeram com que eu fosse quem hoje sou!

SUMÁRIO

INTRODUÇÃO 9

A batalha espiritual da mulher 11

A IDENTIDADE DA MULHER NA BÍBLIA 23

Débora e Jael 27

Judite 29

Ester 33

MARIA, MULHER DE VIRTUDES 39

VOCÊ TEM UM "QUARTO DA BAGUNÇA"? 49

MARIA OU JEZABEL: QUAL DELAS VOCÊ QUER SER? 61

MULHER, TEMPLO DA BELEZA 75

O CORPO CARREGA EM SI AS MARCAS DO AMOR 85

CONECTADAS AO CÉU 109

O que é a oração pessoal? 113

Oração de intimidade 118

Ensina-nos a rezar 120

PODER DAS PALAVRAS 125

O poder de ferir 128

O poder de matar 131

O poder de curar 136

A SEXUALIDADE FEMININA – ENCONTRO E ENTREGA 141

A vivência da sexualidade das mulheres casadas 143

Prazer X Realização 145

O amor conjugal é cura para o outro 147

O ato sexual é o centro da vocação matrimonial 148

A vivência da sexualidade das mulheres solteiras 152

CUIDADO COM ESTE MAL: PERFECCIONISMO X VITIMISMO 157

MULHER, SOCORRO DE DEUS 169

CONCLUSÃO - DEUS TE FEZ PARA SER VITORIOSA! 175

ANEXO: ARMAS ESPIRITUAIS 185

Santo Terço 186

Sangue de Jesus 188

Ação dos Santos Anjos 190

Sacramentos e sacramentais 196

BIBLIOGRAFIA 205

INTRODUÇÃO

"A palavra do Senhor foi-me dirigida nestes termos: 'As mãos de Zorobabel lançaram os fundamentos desta casa; suas mãos levarão a bom termo a sua construção. Assim saberás que fui enviado a vós pelo Senhor dos exércitos. Por que, pois, desprezar esses humildes começos? Eles se alegrarão quando virem o fio de prumo na mão de Zorobabel.'" (Zacarias 4,8-10b)

Você já se sentiu chamada para uma batalha para a qual não se considerava a mais adequada ou preparada? Foi assim que eu me senti quando Deus me recrutou para a grande batalha de testemunhar o poder do Sangue de Jesus e a Sua grande força de transformação em minha vida. Senti minhas pernas tremerem e o coração acelerar diante da missão de anunciar nas redes sociais, na televisão e, ainda, escrevendo livros. Me senti sendo recrutada para uma grande missão de construir algo que nem eu mesma sabia o que seria e nem onde daria, mas entendi que esta tática de Deus me levaria a um caminho de profunda entrega e confiança. Mesmo tremendo, dei os primeiros passos. Mesmo sentindo que eu nada sabia – e ainda me sinto, por vezes, assim –, eu comecei. Eu sentia Deus dizendo fortemente: "Apenas vai!". Entendi que quando o alicerce da construção é lançado por Deus, nada para esta construção. É por isso que, hoje, eu digo para você, minha amada: não despreze os teus humildes começos e os teus primeiros passos. Apenas vá!

É importante entender que tudo o que Deus faz em nossa vida começa pelo fundamento da casa. Isso quer dizer, minha amada, que Deus está trabalhando nos lugares mais escondidos de sua alma – escondido do olhar das pessoas e, muitas vezes, até do seu, mas Ele está trabalhando e te preparando para aquilo que Ele irá te chamar. **Deus nunca nos lança numa batalha sem antes nos preparar e nos capacitar. É somente depois disso que Ele nos coloca dentro dela.** Mas por que nos sentimos sempre despreparadas? Porque Deus deseja que você e eu confiemos plenamente que Ele está no comando. Ele quer que você se entregue totalmente a Ele para que vejam que você foi enviada pelo Senhor dos exércitos. O segredo deste caminho é exatamente este: não queira entender o que Deus está fazendo, apenas se entregue a Ele!

Em muitos momentos, pensei que eu era imprópria e até inadequada para estar escrevendo, pregando em tantos lugares e evangelizando nas redes sociais e redes de televisão. Sentia o terrível medo de "como seria fazer" e de "como seria o depois". Sentia como se meus passos não dessem muitos resultados, sentia que meus esforços eram insuficientes e que as coisas que eu fazia não surtiam efeito. Já se sentiu assim? Cheguei a fazer uma canção dizendo isso: *"Mesmo me achando criança ou pequena demais, o Teu olhar me seduz, a Ti quero seguir. Declarar com a vida que a morte é vencida no amor!"*. Segui apenas em gratidão por tudo o que recebi de Deus e por ter sido seduzida por Ele, mas isso não diminuiu os desafios dos primeiros passos. Acredito que eles sejam os mais desafiadores, pois nos desalojam, nos inquietam, nos tiram do comodismo e nos impulsionam para uma pista de decolagem. Voar é questão de tempo! Eu ainda estou sendo regida por esta frase profética na minha vida:

VOAR É QUESTÃO DE TEMPO!

Existem momentos em que a nossa vida parece estar um caos e até achamos que há algo de muito errado conosco. Mas acredite: muitas vezes, o caos antecede grandes mudanças. Muitas coisas mudaram radicalmente a minha vida e a nossa Comunidade, e eu posso testemunhar que todas elas vieram depois de momentos muito difíceis.

Se você se vê numa grande batalha, num grande desafio, passando por um momento difícil ou dentro de um caos, saiba que este livro chegou na hora certa em sua vida!

A BATALHA ESPIRITUAL DA MULHER

Ser mulher é um dom.

Existe uma batalha e o alvo é você. Sim, você, mulher, é o alvo da batalha espiritual. Por quê? É isso que vou te explicar neste primeiro capítulo.

Deus nos deu um grande presente: sermos mulheres. Muitos pensam que isso - a nossa sexualidade - é apenas um acessório na vida. Mas o que é sexualidade?

Essa é uma pergunta que muitas pessoas, infelizmente, não sabem responder. O não saber é resultado tanto da falta de conhecimento como também dos mitos e tabus que cercam o assunto, transmitidos de geração para geração. Geralmente, a maioria das pessoas confunde a palavra sexualidade com sexo e, simplesmente, remete tal significado apenas à relação sexual. Para respondermos a esta pergunta, poderíamos perfeitamente substituir a palavra "sexualidade" por "vida". Ao nascer, entramos em contato com o mundo que nos cerca e percebemos o quanto é importante nos relacionarmos com ele. A sexualidade é uma espécie de energia que nos impulsiona para este contato, constituindo-se num dos aspectos centrais da nossa personalidade. Vejamos o que disse o Papa Bento XVI sobre isso:

> *"A sexualidade é um dom do Criador, mas também uma função que tem a ver com o desenvolvimento do próprio ser humano. Quando não é integrada na pessoa, a sexualidade torna-se banal e ao mesmo tempo destrutiva. Vemos isto, hoje, em muitos exemplos da nossa sociedade."*[1]

Para entender a sexualidade é preciso ter como pano de fundo que ela afeta profundamente a identidade do ser humano e a ele conferem as características – biológicas, psicológicas e espirituais – que o fazem homem ou mulher. A sexualidade é um aspecto central da vida humana que engloba vários elementos expressos nas

1 *Carta aos Seminaristas* após o Ano Sacerdotal.

identidades feminina e masculina. Você não é mulher por causa dos adereços que usa, ou apenas pelo corpo que tem. Deus teve um propósito quando te fez MULHER, e entender isso te fortalecerá para que você vença as batalhas que te rondam **diariamente**. Muitas mulheres têm perdido a batalha pelo simples fato de nem saberem que existe uma. Entenda, minha amada: existe uma serpente tentando distorcer a sua missão e suas escolhas, **fazendo com que você desacredite da força que há em você**. Sim, você tem uma missão pelo simples fato de ser mulher!

Em Gênesis 1,26-27 está escrito: *"Façamos um ser humano à nossa imagem e segundo nossa semelhança. Que ele domine sobre os peixes do mar, as aves do céu, os animais domésticos, todos os animais na Terra e tudo que rasteja pela Terra. E Deus criou o ser humano à sua imagem, a imagem de Deus o criou, homem e mulher os criou"*. Ao destacar "homem e mulher", a Palavra nos mostra que existe algo que nos diferencia. A nossa sexualidade não é um detalhe. É uma identidade. Deus colocou em cada um de nós propósitos, virtudes e marcas que nos identificam e nos diferenciam. Se Deus te deu um corpo feminino, Ele também te deu uma alma feminina e, portanto, sua identidade mais profunda é feminina.

Um dia eu estava na calçada da igreja me preparando para pregar e assisti a cena de uma mulher grávida limpando a varanda. No mesmo instante, passa uma vizinha e pergunta: "Qual o sexo do bebê? Você já sabe?". A grávida respondeu sorridente: "É uma menina!". E a mulher rapidamente exclama: "Mais uma sofredora?".

Quantas frases você ouviu de sua mãe, tias, avós sobre o que é ser mulher? Frases como:

- *"Trabalhe muito para não depender de homem nenhum."*
- *"Ser mulher é padecer no paraíso."*
- *"Mulher fala mais do que pensa."*
- *"Ter filho homem é melhor, pois ajuda mais no trabalho."*
- *"Ser mulher é mais difícil."*
- *"Mulher sofre muito."*

Infelizmente, muitas vezes, o que vemos e ouvimos em casa **acaba distorcendo a verdade sobre o que é ser mulher**.

O que você foi ouvindo ao longo de sua vida? O que você foi adotando como verdade sobre sua identidade mais profunda?

Quantos são os ataques que nós, mulheres, sofremos... Em Gênesis vemos o início destes ataques em torno da mulher. Depois de criar, abençoar e colocar o homem e a mulher no jardim, Deus chama o homem e o ordena que não coma do fruto da árvore do conhecimento do bem e do mal. Em contrapartida, a serpente vai ao encontro da mulher e inicia um diálogo que revela um pouco da sua missão e da batalha que a ronda. Veja o que a Palavra diz em Gênesis 3:

> *"A serpente era o mais astuto de todos os animais do campo que o Senhor Deus tinha formado. Ela disse à mulher: 'É verdade que Deus vos proibiu comer do fruto de toda árvore do jardim?'. A mulher respondeu-lhe:*

'Podemos comer do fruto das árvores do jardim. Mas do fruto da árvore que está no meio do jardim, Deus disse: Vós não comereis dele, nem o tocareis, para que não morrais.' 'Oh, não! – tornou a serpente – vós não morrereis! Mas Deus bem sabe que, no dia em que dele comerdes, vossos olhos se abrirão, e sereis como deuses, conhecedores do bem e do mal.' A mulher, vendo que o fruto da árvore era bom para comer, de agradável aspecto e mui apropriado para abrir a inteligência, tomou dele, comeu, e o apresentou também ao seu marido, que comeu igualmente. Então os seus olhos abriram-se; e, vendo que estavam nus, tomaram folhas de figueira, ligaram-nas e fizeram tangas para si. E eis que ouviram o barulho (dos passos) do Senhor Deus que passeava no jardim, à hora da brisa da tarde. O homem e sua mulher esconderam-se da face do Senhor Deus, no meio das árvores do jardim. Mas o Senhor Deus chamou o homem e perguntou-lhe: 'Onde estás?'. E ele respondeu: 'Ouvi o barulho dos vossos passos no jardim; tive medo, porque estou nu; e ocultei-me'. O Senhor Deus disse: 'Quem te revelou que estavas nu? Terias tu porventura comido do fruto da árvore que eu te havia proibido de comer?'. O homem respondeu: 'A mulher que pusestes ao meu lado apresentou-me deste fruto, e eu comi'. O Senhor Deus disse à mulher: 'Por que fizeste isso?'. 'A serpente enganou-me – respondeu ela – e eu comi.' Então o Senhor Deus disse à serpente: 'Porque fizeste isso, serás maldita entre todos os animais domésticos e feras do campo; andarás de rastos sobre o teu ventre e comerás o pó todos os dias de tua vida. Porei ódio entre ti e a mulher, entre a tua descendência e a dela. Esta te ferirá a cabeça, e tu lhe ferirás o calcanhar.'"

Amada, preste atenção: o demônio sabe da sua missão e do seu propósito mais do que você mesma!

A serpente, o animal mais astuto, inicia um diálogo com a mulher: *"É verdade que Deus lhe disse que você não pode comer do fruto das árvores do jardim?"*. Ela inicia seu trabalho de afastar a mulher e o homem do propósito de Deus e da confiança em Sua voz, distorcendo a verdade. Ela sabe que, atingindo a mulher, estaria atingindo diretamente o homem e, ao atingir o homem, consegue atingir e destruir a família. Todas as vezes que eu vou pregar para mulheres, uma grande batalha se arma, pois ali será levantado um exército de mulheres. O inferno, sabendo disso, estremece!

Quando a batalha é grande a graça é abundante!

Minha amada irmã, você precisa entender que, quanto menos você souber quem você é e qual a sua missão de vida, mais você será um alvo fácil nas mãos do demônio. O grande propósito dele é fazer com que você seja ferida em sua identidade mais profunda de mulher e de filha amada de Deus.

"Porei inimizade entre ti e a mulher" (Gênesis 3,15). Por que Deus disse isso? Por que Deus colocou as mulheres na mira da serpente? Por que não foi o homem? Se Deus colocou a mulher como frente inimiga do diabo, é porque existe algo nela que irá fazer barreira ao maligno. **Mulher, você tem uma força dada por Deus que faz barreira ao inferno!**

Muitas de nós sabemos que Jesus derrotou Satanás no calvário e que a Cruz é o sinal da vitória, mas saber desta verdade e acreditar nela são coisas diferentes. Você precisa crer que esta vitória já foi alcançada para nós. O inimigo tem tentado nos derrubar fazendo com que caiamos em suas armadilhas, a fim de que percamos as forças. Estamos deixando que ele ganhe vantagem sobre nós. O conhecimento da vitória de Cristo não pode ser apenas um conhecimento intelectual, mas sim precisa ser uma experiência vivida em nossa vida. Ele nos deu vantagem sobre o mal. Você não é vítima ou escrava do inimigo, você é uma guerreira vitoriosa!

Conhecer a sua identidade é fundamental para que você ganhe as batalhas que te rondam. Existe algo próprio que Deus colocou na mulher e que faz dela uma fortaleza espiritual, que faz dela uma ameaça ao demônio. Deus colocou na mulher algo que incomoda os infernos! Minha amada, Deus te coroou.

> *"A mulher de valor. Quem a encontrará? Ela é muito mais preciosa do que as joias. Seu marido confia nela plenamente e não precisa de outros recursos. Ela lhe proporciona sempre alegria, nunca desgosto, todos os dias de sua vida. É parecida com o navio do comerciante que importa de longe as provisões. Ela se levanta ainda à noite para dar alimento aos criados e sustenta as empregadas. Examina um terreno e o compra, e com o ganho de suas mãos planta uma vinha. Cinge a cintura com firmeza, redobra a força de seus braços, alegra-se com o sucesso dos seus negócios e de noite sua lâmpada não se apaga. Fortaleza e dignidade são seus adornos. Ela sorri para o futuro, abre a boca para a sabedoria e uma instrução bondosa está na sua língua. Ela supervisiona o andamento da casa e não come o pão na ociosidade. São muitas as mulheres de valor, mas tu ultrapassaste a*

todas. O encanto é enganador e a beleza é passageira, mas a mulher que teme o Senhor, essa sim merece elogios." (Provérbios 31,10-30)

Na Bíblia podemos encontrar muitas passagens que falam sobre o poder e a força da mulher, e, em contrapartida, muitas passagens que mostram a força de destruição quando uma mulher está fora de sua missão.

- *"A sabedoria das mulheres edifica a casa, mas a mulher insensata a destrói com as mãos." (Provérbios 14,1)*
- *"Anel de ouro em focinho de porco, tal é a mulher bela, mas insensata." (Provérbios 11,22)*
- *"A mulher diligente é o diadema do seu marido. A mulher desavergonhada, porém, é a cárie dos ossos do marido." (Provérbios 12,4)*
- *"É melhor morar num sótão do que com uma mulher briguenta na mesma casa." (Provérbios 21,9)*

Ou a mulher edifica, ou ela destrói. Ou é o diadema ou é a cárie dos ossos do marido. Já te pergunto: o que você tem sido na vida das pessoas que estão ao seu lado? Você não tem escolha: ou será a que edifica ou será a que destrói. Minha amada, você só tem uma opção: ser boa ou ser ruim, ser de poder ou ser arrastada, construir ou destruir.

Gênesis 3,15 diz que existe uma batalha e que esta batalha está direcionada para a mulher. Por quê? Simplesmente porque a mulher tem em suas mãos uma grandiosa graça de construir e de visualizar o que ninguém visualiza. Deus deu à mulher um grande poder, além de dons e virtudes que só ela possui. Um exemplo disso é a sensibilidade, que é uma das virtudes que nos liga a Deus de uma forma muito própria. A mulher, por causa de sua sensibilidade, intuição e outras características que trataremos nos próximos capítulos, tem uma grande capacidade de trazer o Céu à Terra e, aqui, é um dos motivos que explica os ataques do demônio: fazer com que a mulher perca esta capacidade de perceber e sentir. O inimigo sabe como enfraquecer a mulher para que ela fique dispersa e não perceba o que cabe a ela perceber. O mundo está trabalhando para que as mulheres enlouqueçam. Você já sentiu este ataque em sua mente? Já sentiu como se tudo dependesse apenas de você? Já se sentiu sobrecarregada ao extremo, fazendo atividades que dariam para duas de você fazer? Você já chegou a pronunciar esta frase: "Parece que vou ficar louca!"? Minha amada, existe um plano para ferir teu coração, para enlouquecer tua cabeça, para amarrar tua visão. Existe um plano e um propósito diabólico para te "dopar", te prender, te calar e te paralisar. Você já viu alguém ficar atirando pedra numa árvore que não tem fruto? Antigamente, as crianças jogavam pedrinhas para pegar frutos das árvores. Você já viu alguém atacar árvores que não têm fruto? Será chamado de louco aquele que fizer isso. Entenda: você não está tomando pedrada à toa, não! As pedradas que estão sendo lançadas em você têm um propósito certo: te parar, te paralisar, te adoecer. É como se o inferno gritasse: "Adoeça ela! Enlouqueça ela!". Isso tem um motivo. Perceba que a serpente não foi ao homem. Ela sabia que, atacando a mulher, atingiria o plano de Deus.

Olhando para alguns dados da Organização Mundial de Saúde, vemos quantas mulheres sofrendo com depressão, ansiedade e, até mesmo, com tentativas de suicídio... Quem são os maiores usuários de medicação antidepressiva? As mulheres. Precisamos compreender o ataque que existe e o plano diabólico que está por trás de tudo isso.

Veja o que diz esta reportagem:

"Segundo dados, uma em cada cinco mulheres apresenta Transtornos Mentais Comuns (TMC) e a taxa de depressão é, em média, mais do que o dobro da taxa de homens com o mesmo sofrimento, podendo ainda ser mais persistente nas mulheres. A prevalência de condições de saúde mental é maior nas mulheres e isso vai muito além da perspectiva biológica. (...)

Impactam também os dados sobre tentativas de suicídio – mulheres são duas vezes mais propensas. 65 mil pessoas morrem por suicídio por ano nas Américas, com taxa acima de 7 pessoas para cada 100 mil habitantes. No Brasil, estudos recentes apontam que as maiores taxas de crescimento de suicídios estão entre mulheres e nas regiões nordeste e norte, além de haver importante ocorrência entre indígenas. Em relação à violência autoprovocada, entre 2011 e 2018, o Brasil apresentou quase 340 mil notificações. Desse total, 45% dos episódios foram observados em jovens entre 15 e 29 anos, sendo 67% deles em mulheres."[2]

---

2 Reportagem extraída do site: https://institutocactus.org.br/8-dados-sobre-a-saude-mental-das-mulheres/

Amada, está entendendo que existe um plano para nos ferir, adoecer e enlouquecer? **MAS A VITÓRIA ESTÁ PROMETIDA À MULHER** (cf. Juízes 4,9).

Deus deu à mulher o poder de esmagar a cabeça da serpente, e este não lhe será tirado. Entenda que a fúria do inferno é exatamente porque podemos fazer barreira ao mal se estivermos posicionadas onde devemos: *"Porei inimizade entre Ti e a mulher. Esta te esmagará a cabeça e tu lhe ferirás o calcanhar."*

Reaja agora declarando:

EXISTE UMA FORÇA DE VITÓRIA EM MIM! PELO PODER DO SANGUE DE JESUS, EU ME LEVANTO PARA VENCER!

Creia que, se este livro chegou até você, é porque o próprio Deus está diante de você dizendo: "Você vai vencer! Eu estou contigo, te levantarei e te capacitarei para que toda força que coloquei em você venha se manifestar no mundo!".

A IDENTIDADE DA MULHER NA BÍBLIA

Aquele que nos criou nos conhece e revela quem nós somos – aqui está o fundamento da nossa identidade. Nas Sagradas Escrituras, a mulher é aquela que, em sua mais profunda identidade, guarda o sagrado. Vamos fazer um mergulho e aprender com a história de algumas mulheres da Bíblia, iniciando pela criação.

Gênesis significa origem, o início. Em Gênesis 1,27 está escrito: *"Deus criou o homem à Sua imagem. Criou-o à imagem de Deus. Criou-os o homem e a mulher."* Existe uma diferença visível, clara e objetiva entre a mulher e o homem, e isso tem um propósito. Na identidade da mulher existe algo próprio que Deus colocou. Lembre-se que ser mulher não é um detalhe, nem um acessório. A identidade de cada uma de nós fala a nosso respeito. E quando começamos a perder a nossa identidade, começamos a ter problemas.

Para você fazer qualquer coisa hoje, precisa da sua identidade; até para entrar em um apartamento de um conhecido ou subir no prédio do seu médico, você precisa apresentar seu documento de identidade. Uma pessoa sem identidade vai começar a ter uma série de problemas emocionais e espirituais.

Perceba que nas primeiras páginas da Bíblia, quando o autor fala da origem, ele faz questão de dizer que Deus colocou algo especial na nossa identidade.

Vamos ler o que está escrito em Gênesis 2,15-25:

"O Senhor Deus tomou o homem e o colocou no jardim de Éden para o cultivar e guardar. E o Senhor Deus deu ao homem este mandamento: 'Podes comer de todas as árvores do jardim. Mas da árvore do conhecimento do bem e do mal não comerás, porque no dia em que dela comeres terás que morrer.' O Senhor Deus disse: 'Não é bom que o homem esteja só. Vou fazer uma auxiliar que lhe corresponda'. O Senhor Deus modelou então, do solo, todas as feras selvagens e todas as aves do céu e as conduziu ao homem para ver como ele as chamaria: cada qual devia levar o nome que o homem lhe desse. O homem deu nomes a todos os animais, às aves do céu e a todas as feras selvagens, mas, para o homem, não encontrou auxiliar que lhe correspondesse. Então o Senhor Deus fez cair um torpor sobre o homem, e ele dormiu. Tomou uma de suas costelas e fez crescer carne em seu lugar.

Depois, da costela que tirara do homem, o Senhor Deus modelou uma mulher e a trouxe ao homem. Então o homem exclamou: 'Esta, sim, é osso de meus ossos e carne de minha carne! Ela será chamada mulher, porque foi tirada do homem!' Por isso um homem deixa seu pai e sua mãe, se une à sua mulher, e eles se tornam uma só carne. Ora, os dois estavam nus, o homem e a mulher, e não se envergonhavam."

Deus cria o homem com uma identidade, uma missão, e a ele deu uma ordem. Qual é a ordem? Não comer da árvore que estava no meio do jardim. Deus foi claro ao dizer que o homem não deveria nem tocar naquela árvore, mas que havia inúmeras outras que estavam à disposição dele. Deus deu ao homem o poder de dar nome a todo criado – isso fala muito da identidade masculina.

Deus começa, então, a olhar para o homem e a perceber: *"Não é bom que o homem esteja só. Vou fazer uma auxiliar que lhe corresponda"*. Na linguagem bíblica, esta frase *"auxiliar que lhe corresponda"* não diz respeito a apenas alguém que está ao lado, que te seja útil ou te sirva. É mais profundo! É como se Deus dissesse: "Vou criar a mulher para complementar e dar suporte ao homem, de forma que ele realize tudo o que desejo". Quando olhamos este versículo nos escritos originais do hebraico, vemos a palavra ***Ezer***, que significa **socorro de Deus**. Poderíamos traduzir este versículo da seguinte forma: *"Não é bom que o homem esteja só, vou enviar-lhe o meu socorro"*. A mulher tem uma forte missão na vida do homem, seja como mãe, tia, avó, irmã, esposa, amiga… mas falaremos melhor sobre isso mais à frente.

Existe uma intencionalidade quando o autor sagrado escreve sobre a criação da mulher com tantos detalhes: *"Então o Senhor Deus fez* cair um torpor sobre o homem, *e ele dormiu. Tomou uma de suas costelas e fez crescer carne em seu lugar". "Cair um torpor sobre o homem"* significa que um mistério divino será revelado. Assim como aconteceu com José, quando, em sonho profundo – ou seja, em torpor – recebeu a visita do anjo, trazendo a revelação de que devia receber Maria como mulher, pois o que nela *"foi gerado vem do Espírito Santo"* (Mateus 1,20). Falar da identidade da mulher é falar do mistério divino, da presença reveladora de Deus.

"Depois, da costela que tirara do homem, o Senhor Deus modelou uma mulher e a trouxe ao homem". O que isso significa? Que Deus modelou a mulher da costela do homem? O que isso fala sobre a nossa identidade?

No hebraico pré-bíblico, a costela é o lugar da vida, lugar vital, lugar sagrado. Costela era chamado "o lugar que guardava o Santo dos Santos", a parede do lugar onde ficava a arca da aliança que, para o povo judeu, era a presença de Deus – o lugar sagrado por excelência. Como isso é belo! Deus está te dizendo, mulher, que Ele te modelou para ser um sinal da vida, da beleza e do sagrado no mundo.

Aquele que nos criou disse tudo sobre nós. Precisamos aprender a ler o "manual de instruções" para entendermos, de fato, quem fomos criadas para ser: **mulheres de Deus com todas as graças e virtudes**.

Na tradição do Antigo Testamento, a mulher controlava todas as tarefas domésticas, além de cuidar e educar os filhos, sendo uma coroa exemplar para o marido. Uma viúva sem filhos homens, ou mesmo uma solteira, necessitava sempre que um homem a "adotasse"[3]. Naquela época, as mulheres não eram contadas e nem valorizadas. É por isso que quando, na Bíblia, encontramos o nome e a história de uma mulher, precisamos dar uma atenção especial, pois ali está sendo revelado uma profecia do que a mulher traz para o mundo. No livro de Juízes, no capítulo 4, vamos encontrar duas mulheres muito fortes: **Débora e Jael**.

DÉBORA E JAEL

Débora era uma juíza, uma profetiza. Naquela época, imagine o que era uma mulher sendo uma juíza... Com certeza, era uma mulher de grande respeito e valor. Dizem que Débora ficava sentada à beira de uma árvore, que passou a ser até denominada com seu nome, e as pessoas se dirigiam até lá para ouvirem as suas palavras de sabedoria e seus julgamentos.

Um dia, Débora mandou chamar Barac, o general de guerra da época, dizendo que o Senhor Deus tinha dado a ordem para que reunissem a tropa de 10 mil homens e avançasse pelo monte Tabor para enfrentar o exército de Sísara, o chefe do exército de Jabin – este povo

3 Lei do Levirato: costume observado entre alguns povos que obriga um homem a casar-se com a viúva de seu irmão quando este não deixa descendência masculina, sendo que o filho deste casamento é considerado descendente do morto. Este costume é mencionado no Antigo Testamento como uma das leis de Moisés. O vocábulo deriva da palavra *"levir"* que, em latim, significa "cunhado".

oprimiu os israelitas por 20 anos e tinham 900 carros de ferro. Barac disse à Débora: *"Se tu vieres comigo, eu irei, mas se não vieres comigo, não irei"* (Juízes 4,8). Débora então disse: *"Irei, pois, contigo, porém, no caminho que seguires, a honra da vitória não será tua, porque é nas mãos de uma mulher que o Senhor entregará Sísara" (Juízes 4,9).* Este versículo nos mostra a complementaridade do homem e da mulher e como era importante, para aquele general, ter Débora com ele na guerra. Aquele homem entendia a necessidade de ter uma mulher com ele, não para lutar a batalha, mas para estar ao lado.

Muitas mulheres não estão se colocando **ao lado** dos homens na guerra. Ou estão brigando, ou estão querendo dar todas as ordens, ou estão tão enlouquecidas de atividades, que nem tempo têm para perceber a sua importância ao lado dos homens. Ou, ainda, se colocam como fracas, que precisam de toda atenção, porque não sabem o seu valor. Minha amada, veja que esta palavra bíblica inicia uma abertura de visão sobre sua importância nesta guerra.

Voltando à Palavra. A guerra começa, e Sísara vê que ele vai perder. Ele percebe que o exército de Barac começa realmente a ganhar a guerra e foge, chegando na tenda de uma mulher:

> *"Sísara, entretanto, fugiu a pé em direção à tenda de Jael, mulher de Héber. Ele entra na tenda de Jael e diz: me dês um pouco de água, porque tenho sede. Ela abriu um odre de leite, deu-lhe de beber, cobriu Sísara. E Sísara disse: põe-te à entrada da tenda, e se qualquer pessoa te perguntar se há alguém aqui, responde que não. Jael pois, mulher de Héber, pegou um prego da tenda, juntamente*

com um martelo, vendo que este homem tinha dormido, aproximou-se devagarinho, enterrou o prego na têmpora de Sísara, pregando-o assim na terra enquanto ele dormia. E Sísara morreu. (Juízes 4,17-21)

Onde é que o prego foi fincado? Na cabeça do inimigo. Jael esmagou a cabeça da serpente ou não?! Veja só a força da mulher: a ela foi dada a profecia de esmagar a cabeça da serpente.

JUDITE

Judite era uma mulher muito bela e encantadora. Sua história está no livro que ganhou o seu nome. Ela morava na cidade de Betúlia e acabou ficando viúva quando seu marido morreu em uma colheita. Conta o texto bíblico que Judite ficou em sua casa desde que se tornou viúva – havia três anos e quatro meses. Ela *"vestia um pano de saco sobre os rins e cobria-se com o manto de sua viuvez"* (Judite 8,5). Judite é uma história bíblica cheia de significados e intenções.

O nome Judite já traz seu significado – a judia. Essa história conta a libertação da cidade de Betúlia, então cercada por Holofernes, um general assírio que servia ao Rei da Assíria destruindo todos os outros deuses para que o Rei fosse o único cultuado como um deus. Os chefes da cidade de Betúlia se desesperaram e pediram o socorro de Deus. Declararam que, se a libertação não viesse em cinco dias, eles se renderiam ao Rei da Assíria.

Judite era uma judia fiel, de muita oração e jejum. Ela mandou sua serva chamar os anciãos da cidade após ouvir as palavras precipitadas do povo e dos chefes da cidade, que juraram entregar-se aos assírios depois de cinco dias.

> *"Sabendo, pois, que Ozias tinha prometido entregar a cidade dentro de cinco dias, mandou alguém chamar os anciãos Cabri e Carmi, e estes vieram ter com ela. Ela disse-lhes: 'Como é possível que Ozias tenha consentido em entregar a cidade aos assírios dentro de cinco dias, se não nos chegar socorro? Quem sois vós para provocar o Senhor? Não é esse o meio de atrair a sua misericórdia, mas antes o de excitar a sua cólera e acender o seu furor. Vós impusestes ao Senhor um prazo para exercer a sua misericórdia e fixastes-lhe um dia ao vosso arbítrio! Mas o Senhor é paciente façamos, pois, penitência por isso e peçamos-lhe perdão com lágrimas nos olhos, pois Deus não ameaça como os homens e não se deixa arrastar como eles à violência da cólera. Humilhemo-nos diante dele e prestemos-lhe nosso culto com espírito de humildade. Roguemos ao Senhor com lágrimas que nos conceda a sua misericórdia como lhe aprouver, para que, assim como se perturbou o nosso coração com o orgulho de nossos inimigos, do mesmo modo encontremos glória em nossa humilhação.'" (Judite 8,9b-17)*

Judite, então, prostrou-se em forte oração e jejum: *"Quando cessou de clamar ao Deus de Israel e terminou as suas palavras, ela se levantou da sua prostração, chamou sua serva e desceu para casa"* (Judite 10,1-2). Esta mulher se levantou, se despojou do manto de viúva, se lavou, se ungiu com um ótimo perfume, penteou seus cabelos, colocou na cabeça um turbante e vestiu uma roupa de festa. Ela colocou joias, *"embelezando-se a fim de seduzir os homens que a vissem"* (Judite 10,4).

A beleza da mulher tem propósito. Deus não te deu uma beleza para nada ou por pura vaidade. Ele não te deu uma beleza para ser **estragada**. Sim, temos a capacidade de "estragar" a beleza que Deus colocou em nós. Você já se perguntou por que sua pele se altera quando você não está bem emocionalmente? E por que seu cabelo não se ajeita quando você não está bem? Parece que quando não estamos bem, nada fica bem em nós: roupas, maquiagem, sorriso, cabelo, pele. Isso nos difere dos homens, e existe um motivo para isso.

Temos a capacidade de irmos de princesas a plebeias, ou vice-versa, em uma rápida velocidade. Em nossa Comunidade usamos a expressão "brucutu" (conhece este termo?!). Temos aqueles dias em que nos olhamos e dizemos: "UAU!". Mas há também aqueles dias em que nos olhamos no espelho e pensamos: "O que aconteceu comigo?". Temos aqueles dias em que a gente olha para o guarda-roupa e diz: "Meu Deus... Qual dessas eu vou vestir?". E noutros dias a gente abre e diz: "Por que nada fica bom? Trocaram a minha roupa do guarda-roupa na madrugada?". Por que será isso? Nós vamos entender.

No entanto, quando uma mulher se levanta, ela se embeleza com pudor e ocupa seu lugar, sabe que pode conquistar o que quer. Judite, então, com toda a sua beleza, entrou na guerra. Foi até o exército do general Holofernes e falou que tinha informações para confidenciar a ele. Disse que iria mostrar o caminho que deveria passar para se apoderar da cidade. Todos os homens do acampamento ficaram extasiados com a beleza de Judite (cf. Judite 10,19). As palavras de Judite agradaram ao general e a todos os seus ajudantes, e disseram: *"De um extremo ao outro da terra não existe mulher semelhante em beleza e em inteligência no falar!"* (Judite 11,21).

Judite, então, foi encaminhada para uma tenda e permaneceu três dias no acampamento, em oração. No quarto dia, Holofernes deu um banquete apenas para os oficiais e convidou Judite, pois queria seduzi-la. Ela foi ao banquete, e o texto diz que o coração de Holofernes foi arrebatado por ela: *"Holofernes ficou tão fascinado por ela que bebeu tanto vinho como nunca bebera em nenhum dia"* (Judite 12,20). Todos os oficiais foram embora e deixaram Holofernes embriagado com Judite. Foi aí que Judite pediu forças a Deus e, aproximando-se do leito, tomou uma espada, foi até onde ele estava, pegou sua cabeça e o golpeou por duas vezes no pescoço, com toda força. Ela saiu e entregou a cabeça de Holofernes para sua serva. As duas saíram do acampamento e voltaram à Betúlia. Assim, a vitória e a libertação foram conquistadas para o seu povo pelas mãos de uma mulher: *"O Senhor o feriu pela mão de uma mulher"* (Judite 13,15).

Por que será que ela corta a cabeça? Será por acaso que nas duas passagens bíblicas a cabeça do inimigo é esmagada? O Senhor está mostrando para nós, de forma simbólica, que a vitória está prometida à mulher e que a nós foi dado o poder de esmagar a cabeça do inimigo.

Recordemos o que diz em Gênesis 3,15: *"Ela te esmagará a cabeça..."*.

Tem alguma batalha acontecendo ao teu redor? Levante-se, ore, creia e saiba que em suas mãos há um grande poder. Peça a Deus a graça de ser uma mulher sábia como Débora, como Jael, como Judite e como Ester. Isso: Ester! Temos, ainda, outra mulher poderosa na Bíblia e com uma história belíssima, que vamos descobrir a seguir.

ESTER

Ester foi uma rainha, como relata o livro bíblico que ganhou o seu nome. Na realidade, seu nome judeu inicialmente era Hadassa, que significa "**generosidade de Deus**"; era muito bela e de corpo formoso, diz a Palavra.

Hadassa foi criada pelo seu tio Mardoqueu, pois não tinha pai nem mãe. Era uma judia que vivia fora de Jerusalém, ou seja, havia sido deportada no exílio da Babilônia. Aconteceu que o rei da época proclamou um decreto que iria reunir muitas jovens em seu palácio, pois queria escolher uma nova rainha. Hadassa foi escolhida e levada até o palácio usando o nome Ester, para que não fosse reconhecida como judia. Ester agradou os servos e entrou para o harém do rei, onde foi preparada por doze meses para se apresentar ao rei. Seu tio pediu que ela não revelasse sua identidade e nem o seu povo.

> *"Ela foi conduzida ao Rei Assuero, ao Palácio real, no décimo mês, que é Tebet, no sétimo ano do seu reinado,*

e o rei a preferiu a todas as outras mulheres; diante dele alcançou favor e graça mais do que qualquer outra moça. Ele pôs o diadema real sobre a cabeça dela e a escolheu como rainha no lugar de Vasti." (Ester 2,16-17)

Mardoqueu, tio de Ester, era servo da casa do rei e fiel a ele. Houve um atentado contra a vida do rei, denunciado por Mardoqueu – mas o chefe da guarda, Amã, foi quem ficou com o êxito e ganhou as honras do rei. Todos os servos do rei se prostraram diante dele, menos Mardoqueu. Assim, ele foi denunciado a Amã, que ameaçou não apenas contra a vida dele, mas também de seu povo: o chefe da guarda premeditou destruir todo o povo judeu. À pedido de Amã, o rei escreveu um decreto para matar e exterminar todos os judeus. Quando Mardoqueu recebeu esta notícia, rasgou suas vestes e se vestiu de luto. A rainha Ester encheu-se de angústia quando soube do fato, e o seu tio lhe mandou um recado pedindo que pudesse ir à presença do rei suplicar por seu povo. Ester sabia que não podia entrar na presença do rei sem ser chamada e mandou seu tio reunir o povo em oração e jejum.

Ester buscou refúgio no Senhor e ficou em profunda oração. Três dias depois, tirou suas vestes de súplicas e se revestiu com todo seu esplendor. Ela se revestiu do poder e da coragem de Deus, uniu-se às duas servas, e foi à presença do rei, com risco de ser morta.

"Ultrapassando todas as portas, ela se achou diante do rei. Ele estava sentado em seu trono real, revestido com todos os ornamentos solenes, resplandecente em ouro e pedras preciosas: parecia terrível. Ele ergueu o rosto, incendiado de glória, e, no cúmulo da ira, lançou um olhar. A rainha,

sucumbindo, apoiou a cabeça na serva que a acompanhava, empalideceu e desmaiou. Deus mudou o coração do rei e o inclinou à mansidão. Ansioso, ele precipitou-se de seu trono e a tomou nos braços até que se recuperasse, reconfortando-a com as palavras tranquilizadoras. 'Que há, Ester? Eu sou teu irmão! Ânimo, não morrerás! Nossa ordem só vale para os súditos. Aproxima-te'. Ergueu seu cedro de ouro, pousou-o no pescoço de Ester, beijou-a e lhe disse: 'Fala comigo!'" (Ester 5,2e-2l)

Ester, ao falar, desmaia novamente. E, ao reanimá-la, o rei diz: "*Dize-me o que desejas e, ainda que seja a metade do meu reino, te darei!*" (Ester 5,3). Ester pede, então, que o rei vá junto com Amã para um banquete que ela iria preparar. O rei, muito agradado, diz novamente que ela poderia pedir tudo a ele. A rainha diz: "*Se realmente encontrei graça aos teus olhos, ó rei, e se for do teu agrado, concede-me a vida, eis meu pedido, e a vida do meu povo, eis meu desejo*" (Ester 7,3). O rei concede o desejo de Ester e manda matar o perseguidor dos judeus, o chefe Amã, enforcado. Além disso, ela consegue ainda que o rei estabeleça outro decreto, dando liberdade ao povo judeu.

Com a história de Ester, vemos como Deus levanta mulheres para batalhas muito específicas. Com toda sabedoria, beleza e oração, a mulher destrói o inimigo. Deus está levantando mulheres hoje, assim como levantou em momentos cruciais na história da salvação. A batalha não é exclusiva à sua vida, ela é inerente a todas nós. Todo o mundo espiritual sabe da importância e do poder da mulher.

Deus vai te levantar. Deus vai curar teu coração e teus pés para que você tenha força, capacidade e autoridade de esmagar a cabeça da serpente. Minha amada, o mundo está te esperando! Faça como a rainha Ester e Judite: retire as vestes de luto, de súplica, e se revista de todo seu esplendor para vencer. Tua família está esperando por você! As pessoas que estão à sua volta estão esperando por você! Onde você chegar, precisa chegar a força, a unção e a autoridade que Deus colocou em você. Clame esta graça: *Trabalha em mim, Senhor, pelo poder do Teu Sangue. Vem poderosamente me ungir e me levantar. Quero me levantar como Ester, como Jael, como Rute, como Débora, como Maria e como tantas mulheres que foram usadas por Ti!*

Coragem! Levanta, erga a cabeça e se encha de beleza! Eu creio que o Céu já está se movendo em sua direção!

Escreva o que ficou mais forte para você nesse capítulo:

MARIA, MULHER DE VIRTUDES

"O anjo disse-lhe: 'Ave, cheia de graça, o Senhor é contigo'. Perturbou-se ela com essas palavras e pôs-se a pensar no que significaria semelhante saudação. O anjo disse-lhe: 'Não temas, Maria, pois encontraste graça diante de Deus. Eis que conceberás e darás à luz um filho, e lhe porás o nome de Jesus. Ele será grande e será chamado Filho do Altíssimo, e o Senhor Deus lhe dará o trono de seu pai Davi; e reinará eternamente na casa de Jacó, E o seu reino não terá fim'. Maria perguntou ao anjo: 'Como se fará isso, pois não conheço homem?'. Respondeu-lhe o anjo: 'O Espírito Santo descerá sobre ti, e a força do Altíssimo te envolverá com a sua sombra. Por isso, o ente santo que nascer de ti será chamado Filho de Deus. Também Isabel, tua parenta, até ela concebeu um filho na sua velhice; e já está no sexto mês aquela que é tida por estéril, porque a Deus nenhuma coisa é impossível'.

Então disse Maria: 'Eis aqui a serva do Senhor. Faça-se em mim segundo a tua palavra'. E o anjo afastou-se dela." (Lucas 1,28-38)

Maria é a grande Mulher, criada por Deus para participar do plano de salvação. Por ter sido a escolhida para receber Jesus em Seu ventre, foi preservada do pecado. Ela foi agradável a Deus e escolhida por Ele para ser um auxílio oportuno.

Seu **sim** foi de inigualável proporção. Certamente, este sim não foi ao acaso, impensado ou desconexo. Este sim, e tantos outros que Maria deu após este primeiro, foi fundamentado em uma **vida virtuosa**, purificada, trabalhada em Sua interioridade e em um coração que tinha comunhão com Deus.

Costumo dizer que é impossível improvisar, *"porque a boca fala do que lhe transborda do coração"* (Mateus 12,34). Uma resposta sempre vem do que já existe dentro de si; é fruto do que foi semeado e alimentado. Maria alimentou em Si muitas virtudes!

Segundo o Papa Francisco, *"Maria é nossa Mãe, é Mãe dos nossos povos, é Mãe de todos nós, é Mãe da Igreja (...). E é Mãe do nosso coração, da nossa alma"*[4]. Maria nos ama e também quer nos ensinar a sermos, como Ela, **mulheres virtuosas**. Por isso, vamos ressaltar algumas características de Nossa Senhora para nos ajudar nesta jornada:

A primeira grande virtude de Nossa Senhora que eu quero ressaltar é a vida de oração. A Palavra diz que o

---

4 Homilia da Missa celebrada em 12 de dezembro de 2017 por ocasião da festa de Nossa Senhora de Guadalupe.

"Anjo do Senhor apareceu onde Ela estava" e apresenta um diálogo entre os dois. Somente estando em profunda intimidade com Deus, somente estando em oração, somente um coração que se mantém unido ao coração de Deus, tem possibilidade de escutar e vivenciar o sobrenatural, o extraordinário. O fato de Maria ter conversado com o Anjo evoca a intensa e íntima relação dela com o mundo espiritual, sua docilidade em escutar e sentir a presença do céu. É necessário realmente estar na presença de Deus e fazer da sua oração um relacionamento com o Senhor, criando um momento de intimidade e de amizade com Ele, para dar a Ele a possibilidade de Se manifestar em sua vida.

Maria manifesta, também, a fé e a firmeza em acreditar no que Ela estava escutando: acreditar que era do céu e era real. Quantas vezes sentimos Deus falar conosco, sentimos o direcionamento de Deus dentro de nós e logo abandonamos, porque temos dificuldade de reconhecer ou acreditar que realmente foi Deus quem falou. Simplesmente não nos treinamos neste lugar e não criamos relacionamento com Ele... Alguns pontos na passagem bíblica destacada no início deste capítulo nos mostram que Maria realmente acreditou. Um destes pontos é o fato de que, no diálogo, o Anjo diz a respeito de Isabel, prima de Maria, que era estéril, mas estava grávida pela obra de Deus, e a Palavra diz que, passados alguns dias após aquele diálogo, Maria partiu ao encontro de Isabel para ajudá-la.

Minha amada, quero te dizer algo muito importante que podemos aprender com Nossa Senhora: só se **obedece** ao que muito se **ama**, e só se **ama** ao que se **conhece**.

Maria cultivava em Si o amor ao Pai e à realidade espiritual. Ela conhecia e amava a Deus, Ela criou um relacionamento verdadeiro com o Senhor, por isso Ela se sentiu segura para fazer as perguntas que precisava para tomar sua decisão diante do chamado de Deus – chamado este que mudaria completamente e para sempre a sua vida. Ao perguntar ao Anjo, percebemos que Maria se coloca com humildade para querer entender, e assim, tomar sua decisão – decisão que mudou não só a história Dela, mas também a de toda a humanidade.

É urgente, necessário e essencial ter um **relacionamento** com Nosso Senhor. Ele quer conversar com você, Ele quer te falar ao coração, Ele quer te dar os caminhos e te dizer como fazer diante dos desafios da sua vida. Ele está esperando você perguntar para poder te dar as respostas! Só tem um porém: essa relação precisa ser construída dia após dia, com dedicação e, sobretudo, perseverança. Vamos falar sobre isso no próximo capítulo.

Outra virtude de Maria que precisamos aprender é a **humildade**. Maria é a Mãe da humildade.

Humildade é ter um conceito equilibrado de si mesma; é respeitar a si e ao outro; é saber se posicionar diante das circunstâncias. O conceito parece simples, mas não é fácil. Para ser verdadeiramente humilde, é preciso se conhecer, é preciso ter segurança no amor, é preciso confiar na máxima verdade: você é amada por Deus, é fruto do Seu grande e louco amor! Você é uma obra prima das mãos do Pai e é uma mulher incrível! Você é maravilhosa, e é por isso que você pode aceitar suas qualidades – que são dons de Deus –, bem como seus limites, fragilidades, erros, sem que isso interfira neste fluxo de amor.

O Senhor viu e Se encantou com a humildade de Maria. Ela teve esta virtude em suas atitudes: foi humilde ao acolher e escutar o Anjo, ao perguntar a ele sua dúvida ("*Como acontecerá isso se eu não conheço homem algum?*"), ao dar o Seu sim para ser Mãe de Jesus, ao partir para ajudar sua prima e ao cantar o *Magnificat*. Ela foi humilde no resto de Sua vida, resignada à vontade de Deus, na alegria e na dor; inclusive nas maiores dores, porque Sua vida estava em conformidade com os desígnios do Senhor. Ela disse: "*A minha alma engrandece ao Senhor, e meu espírito se alegra em Deus, meu Salvador, porque ele olhou para a humildade de sua serva. (...) Por isso, desde agora, me proclamarão bem-aventurada todas as gerações, porque realizou em mim maravilhas aquele que é poderoso e cujo nome é Santo (...)*" (Lucas 1,46-49).

Maria nos convida à humildade, a reconhecer quem somos diante de Deus e a darmos o nosso *sim* diante do chamado do Senhor. A partir de um relacionamento amadurecido com Deus, Maria nos convida a nos colocarmos submissas a Ele. Ela nos convida a compreender que não precisamos provar nada para ninguém, não precisamos estar certas, precisamos somente estar em unidade com Deus e obedecê-Lo.

Além da vida de oração e da humildade, há, ainda, outra virtude de Maria que precisamos aprender: **o silêncio**. Esta é uma virtude que muitos entendem de forma errada. No entanto, precisa ser entendida e exercida.

"*Maria, porém, guardava todas estas coisas, meditando-as em seu coração*" (Lucas 2,19). Ela não se desesperava, não permitia que sua emoção a dominasse, não levantava a voz. Ela silenciava e meditava, buscando escutar, aprender e fazer em tudo a vontade de Deus.

Com a virtude do silêncio, Maria se exercitava em escutar e observar, e se unir à Deus no profundo de Seu coração, deixando-O agir. Ela não se apressava. Para silenciar é preciso ser paciente, saber aguardar e observar. É incrível como muitas mulheres querem sempre ter razão e ter a última palavra, não admitem não saber, muito menos admitem a possibilidade de estarem erradas. Quantas têm pressa, são impulsivas diante de tantas coisas e parecem ter uma necessidade de falar. Às vezes, queremos que Deus escute nossa prece e realize exatamente como estamos pedindo; queremos que os outros, que estão à nossa volta, escutem nosso pedido e façam como solicitamos (ou ordenamos); queremos ser ouvidas e não temos mais paciência para esperar, para observar, para ensinar, para guardar e, muito menos, para ouvir o outro.

Não temos mais a paciência para observar a perfeita ação e movimentação de Deus na nossa vida, fazendo aquilo que é melhor para nós. Parece que perdemos a calmaria própria da maturidade que deveríamos alcançar – com nós mesmas, com Deus e nas relações. Quantas mulheres escuto dizendo que estão fazendo o "silêncio de Maria", mas estão apenas ficando mudas, remoendo tudo o que não estão dizendo, com a justificativa de que não adianta falar. O grande problema disso é que estão, na verdade, guardando sentimentos ruins, podendo provocar adoecimentos físicos ou emocionais. E, pior, podem correr o risco de "explodir" na hora errada e com a pessoa errada. O verdadeiro silêncio é vivido por quem tem um coração dócil para escutar, flexível para mudar e sábio para agir. Não é ficar muda! É, sim, falar na hora certa e com sabedoria.

Maria nos convida a silenciar – silenciar a fala, o coração e a mente – diante de tantos barulhos: barulhos interiores, barulhos de nossa própria mente, preocupações, agitações; barulhos exteriores, excesso de informação, de redes sociais, de conversa, de briga, de músicas mundanas, de conteúdos inúteis, de notícias ruins, e tantas outras coisas. Com Maria, podemos aprender a deixar que o nosso coração se converta e nossa mente se cure. Por isso, ouso dizer que somente um coração seguro de si, seguro da presença de Deus, seguro no amor e humilde, é capaz de silenciar.

Por fim, outra virtude de Maria muito necessária para os tempos atuais é a **obediência**. Maria disse **sim**. Não questionou ou se justificou, não quis voltar atrás, não se elevou, nem se engrandeceu: ela só disse **sim**. Ela sempre fez a vontade do Pai. Ela simplesmente obedeceu.

A obediência é fruto de um coração que ama e que se entrega em confiança. É uma virtude que está relacionada com todas as outras: é preciso amar, é preciso silenciar suas justificativas e suas certezas para obedecer; é preciso se abaixar para obedecer; é preciso confiar para obedecer.

A obediência é como uma prova de todas as outras virtudes. Maria foi obediente, e toda obediência a Deus gera frutos – muitos frutos! Ela foi obediente quando disse **sim** aos planos de Deus, desde a aceitação de receber o Filho de Deus em Seu ventre até cuidá-Lo e educá-Lo, aceitando sofrer com Ele em Sua paixão e morte. Imagine a dor desta Mãe! Mas a sua obediência a Deus foi caminho de salvação para toda a humanidade. Sua obediência também é caminho de vida para nós, pois Ela continua viva e atuante em nossa vida!

Maria nos convida à obediência! Obedecer a Deus significa dar a Deus o lugar que é Dele de direito em nossa vida. Ele nos criou, e somos fruto do Seu amor. Ele é quem mais nos conhece; Ele sabe a nossa missão de vida; Ele sabe do que somos capazes; Ele sabe quais caminhos de vida que precisamos trilhar. Obedecer a Deus é devolver para Ele esse lugar em nossa vida, é ser livre para alcançar a vida verdadeira, o amor maior e a plena realização.

Muitas são as virtudes de Maria. Somente com as que destaquei aqui, podemos perceber que Ela nos convida a sermos mulheres virtuosas. Ela é para nós exemplo e quer nos ajudar: "*Eis aí tua* Mãe" é o que Jesus nos diz (cf. João 19,27). Mãe é aquela que ensina, que conduz, direciona... Assim é a nossa Mãe do céu. Ela está ao nosso lado para nos ensinar a sermos mulheres verdadeiras e a encontrarmos a plena realização de nosso ser.

> *"A Bem-aventurada Virgem é o modelo e o exemplo de todas as virtudes. Nela achareis o modelo da humildade."*
> *(Santo Tomás de Aquino)*

> *"Meu espelho há de ser Maria. Visto que sou sua filha, devo parecer-me com Ela e assim parecerei com Jesus."*
> *(Santa Teresa dos Andes)*

Qual decisão você toma a partir desse capítulo?

VOCÊ TEM UM "QUARTO DA BAGUNÇA"?

Começo agora te fazendo uma pergunta: **Você tem, em casa, o quartinho da bagunça ou a gaveta da bagunça?**

Todo mundo entende bem quando falo "quartinho da bagunça" ou "gaveta da bagunça". Mesmo que você seja muito organizada, temos sempre aquele lugar onde deixamos espaço para colocar tudo que não tem lugar. Já recebeu aquela notícia de que receberia visita num dia e momento que não estava esperando? Ou, ainda, já foi surpreendida com aquela visita inesperada que chega sem avisar? Nestes dias, é bem comum escolhermos um cômodo para, literalmente, jogarmos tudo o que está fora do lugar e fecharmos a porta para que ninguém veja a bagunça. Já viveu isso? É muito interessante que a gente pense que isso acontece não só externamente. Sim, **EXISTE UM QUARTO DA BAGUNÇA DENTRO DE VOCÊ!**

É muito importante perceber isso, pois é o que acontece dentro de você. Quantas coisas você já passou na vida e que não teve tempo de pensar, analisar, curar, perdoar ou até falar sobre? Quando não temos este tempo ou não nos permitimos ter este tempo, imediatamente jogamos para o quarto da bagunça. Mas, atenção: há um grande perigo que acontece aqui, pois o quarto da bagunça, quando é externo, facilmente o vemos. Mesmo que esteja bem fechado, todas as vezes que passamos na frente, lembramos que aquela bagunça está ali. O problema é que o quarto da bagunça, quando é interno, pode ser ignorado por muito tempo e até por anos.

Tudo o que fica guardado e escondido, sem ser resolvido, tem o poder de nos adoecer. Quando você ignora o quarto da bagunça, você não percebe e, inconscientemente, não sente a dor ou o incômodo daquilo que você colocou ali. O problema disso: você será surpreendida por um problema ainda maior.

Imagine que você guardou uma comida perecível no armário por dias. Quando entrar naquele quarto, irá sentir o mau cheiro daquela comida que, provavelmente, apodreceu. Irá procurar de onde vem aquele mau cheiro e irá encontrar aquela comida esquecida e deixada no lugar errado. Assim também acontece conosco. Aquilo que vamos guardando no lugar errado e que vamos deixando esquecido começa a "apodrecer", a "cheirar mal", até que as pessoas ao nosso lado começam a perceber que já não somos mais a mesma pessoa: tristeza, adoecimento emocional, tantas coisas somatizadas, tanta deformação na personalidade e no humor que se torna até difícil ficar perto.

Você já chegou a dizer alguma destas frases?

- *"Eu não sei por que isso está acontecendo comigo!"*
- *"Eu não sei por que as pessoas falam isso de mim!"*
- *"Eu não sei por que que pensam isso de mim!"*
- *"Eu não sei de onde vem essa depressão!"*
- *"Eu não sei de onde vem essa angústia!"*
- *"Eu não sei porquê estou tendo estas reações!"*

CORAGEM! Bate no peito AGORA e diga: *"Eu tenho um quarto da bagunça dentro de mim!"*

O livro de Provérbios 4,20-23 nos ajuda a entender melhor esse caminho de cura e libertação que precisamos para sermos mulheres fortes e posicionadas na vontade de Deus: *"Meu filho, escuta as minhas palavras e dá ouvidos às minhas sentenças. Que elas não se afastem de teus olhos; pelo contrário, guarda-as no fundo do coração: elas são vida para os que as encontram e saúde para todo o seu corpo. Com todo cuidado, guarda teu coração, pois dele procede a vida".*

"Guarda teu coração acima de todas as outras coisas." O que seria guardar o coração? Por acaso sua família te ensinou a fazer isso? A escola ensinou? A catequese ensinou? Somos ignorantes na arte de guardar o coração e sofremos, infelizmente, o impacto disso. A palavra diz

para guardar o coração acima de todas as outras coisas. Infelizmente guardamos uma série de coisas, mas pouco nos preocupamos em blindar o coração.

Você tem costume de fazer um *check-up* anual? E o *check-up* da alma? Você costuma tirar um tempo para examinar seu coração? A palavra diz que, quem guarda o coração, traz saúde para todo o corpo. Muitos não entenderam ainda que é do nosso coração, do nosso interior que vem a saúde. Você não adoece apenas fisicamente, mas de dentro para fora. Todos os seus relacionamentos, toda a sua vida profissional, toda a sua vida financeira, toda a sua vida afetiva, toda a sua vida familiar, toda a sua saúde começa a se estruturar a partir de dentro de você.

- *"Nada há fora do homem que, entrando nele, o possa manchar; mas o que sai do homem, isso é que mancha o homem." (Marcos 7,15)*
- *"O coração em paz dá vida ao corpo, mas a inveja apodrece os ossos." (Provérbios 14,30)*
- *"Assim como a água reflete o rosto, o coração reflete quem somos nós." (Provérbios 27,19)*
- *"Pois a boca fala do que está cheio o coração." (Mateus 12,34)*
- *"Porque, como imagina em sua alma, assim ele é; ele te diz: Come e bebe; mas o seu coração não está contigo." (Provérbios 23,7)*

Quantas vezes você se chateou com alguém e, logo em seguida, disse: "Deixa pra lá!"? Quantas vezes nos magoamos e dizemos não querer nem ver a pessoa? Quantas vezes, na nossa vida, nem queremos tocar em determinado assunto e nos esforçamos para esquecer? Tudo vai ficando dentro do "quarto da bagunça". As enfermidades, as carências, a solidão, a tristeza, os medos, e muito mais brotará de dentro desse "quarto".

O teu olho vai reluzir o que está dentro de você. As tuas palavras serão influenciadas por aquilo que está sendo gerado dentro do teu coração. As tuas atitudes vão refletir diretamente o que está aí dentro. Por isso, não adianta achar que dá para viver ignorando o que você sente, ignorando as suas emoções, ignorando aquilo que ficou guardado ou até escondido dentro do teu coração. **As suas emoções vão ditar as suas escolhas.** Mas você pode se achar uma mulher muito racional e pensar que esta frase não se encaixa em você. Desculpe dizer: ACORDA! A nossa razão é diretamente influenciada pela nossa emoção.

Veja o que diz a palavra de Eclesiástico 25,17-33, "Virtudes e maldades da mulher":

> *"A tristeza do coração é uma chaga universal, e a maldade feminina é uma malícia consumada. Toda chaga, não, porém, a chaga do coração; toda malícia, não, porém, a malícia da mulher; toda vingança, não, porém, a que nos causam nossos adversários; toda vingança, não, porém, a de nossos inimigos. Não há veneno pior que o das serpentes; não há cólera que vença a da mulher. É melhor viver com um leão e um dragão do que morar com uma mulher maldosa. A malícia de uma mulher transtorna-lhe as feições, obscurece-lhe o olhar como o de um urso, e dá-lhe uma tez com a aparência de saco. Entre seus parentes, queixa-se o seu marido, e, ouvindo-*

os, suspira amargamente. Toda malícia é leve, comparada com a malícia de uma mulher; que a sorte dos pecadores caia sobre ela! Como uma ladeira arenosa aos pés de um ancião, assim é a mulher tagarela para um marido pacato. Não contemples a beleza de uma mulher, não cobices uma mulher pela sua beleza. Grandes são a cólera de uma mulher, sua audácia, sua desordem. Se a mulher tiver o mando, ela se erguerá contra o marido. Coração abatido, semblante triste e chaga de coração: eis o que faz uma mulher maldosa. Mãos lânguidas, joelhos que se dobram: eis o que faz uma mulher que não traz felicidade ao seu marido. Foi pela mulher que começou o pecado, e é por causa dela que todos morremos."

A palavra nos diz o que faz uma mulher se tornar maldosa: *"coração abatido, semblante triste e chaga de coração. Eis o que faz uma mulher maldosa"*. Quantas mulheres tenho visto abatidas, semblante triste, seguindo a vida como se não houvesse outra forma de viver... Quantas seguindo a vida com o coração ferido, com o quarto entulhado de coisas, alegando que não tem tempo de parar para se tratar. Quantas mulheres eu tenho visto acostumadas a não mais sorrir e a achar que a vida é assim mesmo. Quando Deus criou a mulher, a pensou e planejou para que ela fosse um grande socorro para o mundo. A mulher foi escolhida por Deus para ensinar ao mundo a força do amor. Deus colocou em nós uma forte capacidade de amar, e é por isso que a maior ferida que trazemos está na área afetiva. As nossas maiores feridas estão no amor.

Quando não cuidamos do nosso coração, essas chagas vão nos transformando em pessoas muito diferentes do que seríamos. Você precisa compreender que tudo o que você passou na vida ficou registrado em seu inconsciente. Tudo pelo que você passa vai ficar registrado em você. Se os registros negativos não forem tratados, continuarão fazendo efeito negativo em sua mente e coração. O coração de uma mulher precisa ser um coração puro, precisa ser um coração tratado e cuidado. Porque, caso contrário, será cheio de amarguras. É muito fácil ficarmos com um coração e um olhar abatidos.

Quantas coisas pelas quais você foi passando ao longo da vida que ficaram guardadas aí dentro do quarto da bagunça? O tempo foi passando, e o que é que você não foi resolvendo? Quantas pessoas que passaram na sua vida e estão presas no quarto da bagunça, porque você não se resolveu com elas ou não encarou "aquela" conversa? Tem gente "presa" dentro de você. Entenda o que estou tentando lhe dizer: quando não resolvemos dentro de nós alguma situação, ficamos presas emocionalmente àquele momento. Quando não terminamos bem um relacionamento ou uma amizade, quando não queremos ver "aquela" pessoa ou não queremos nos despedir de alguém, mantemos aquela pessoa cativa dentro de nós. Eu ouço muitos dizendo que já perdoaram, mas não querem nem ver a pessoa. Isso sinaliza o quanto aquele coração está entulhado. É preciso abrir esse quarto e deixar a luz de Cristo entrar, pois, de você, precisa sair luz, brilho e vida. As pessoas que estão ao seu lado precisam receber o que Deus colocou de melhor em você, que é a sua capacidade de amar.

Pare tudo neste momento e declare agora: *Eu posso amar. Eu posso amar. Eu posso amar.*

Mas você poderia me questionar: "Como amar?". Como amar se eu fui abandonada desde a minha infância? Como amar se eu vi as agressões dos meus pais? Como amar se minha mãe não me quis nem quando eu estava na barriga dela? Como amar depois que eu perdi tantas pessoas? Como amar depois de ter passado por abusos? Como amar depois de ser traída? Como amar?"

Poderia colocar aqui várias perguntas que brotam de nossos corações diante das feridas que sofremos na área do amor. Carências, vazios, solidão, fechamento, isolamento… tudo isso é sinal de um coração amargurado. Uma mulher deveria se preocupar mais com o coração do que com a própria saúde física, porque a sua saúde emocional está diretamente ligada a todas as outras áreas.

A mulher é movida pelo coração, pelo afeto. Perceba que tem momentos que basta um abraço ou um elogio para que seu dia seja diferente. Basta uma mulher se sentir amada para que ela seja capaz de mover o mundo, arrumar sua casa e até a casa da vizinha. Ela arruma, lava a louça, passa, dá banho no cachorro, nas crianças e ainda termina o dia cantarolando. Mas perceba a diferença em você quando sente que foi traída, deixada de lado, esquecida... Muitas chegam a dizer que não terão forças para se levantarem. Por que isso? Porque somos movidas pelo coração. Você precisa cuidar do teu coração. É preciso ter a coragem de sentar diante de si mesma e encarar o que tem no quarto da bagunça.

Que tal tomar a decisão, exatamente agora, de "meter o pé na porta" e tirar todo o entulho que tem? Tome a decisão de tirar a mágoa de teu coração, de tirar a angústia, a tristeza, e deixar a luz entrar.

O que é que você foi engolindo ao longo da vida? Você sabia que o teu intestino, o teu estômago, o teu coração, tuas veias, tuas artérias, teu cabelo, tudo vai sendo movido pelo que você está guardando dentro do teu quartinho? Tudo! Não adianta Botox, minha amada, se teu coração está amargurado. É de dentro para fora!

Um dia, chegou uma mulher na Fonte da Vida me procurando, dizendo que me conhecia e que precisava me ver. Quando me aproximei, não reconheci. Estranhei isso, pois sou muito boa de fisionomia e, realmente, eu não sabia quem era. Quando ela me disse o nome, me assustei, e perguntei o que tinha acontecido com ela. Toda feliz, ela disse ter feito plástica em várias partes do corpo, lipo e tudo mais que tinha direito. Perguntei a ela qual era a motivação para fazer tantas cirurgias, e ela me respondeu: "Isso é resultado do retiro de mulheres". Me assustei e perguntei onde havia sido esse retiro que ela fez, e, para minha surpresa, ela respondeu ter sido comigo. No mesmo momento, pedi a ela que fizesse o retiro novamente, pois ela não havia entendido nada.

Não adianta tentar consertar por fora aquilo que está "estragado" por dentro. A beleza não está fora, a beleza vem de dentro. Claro que não sou contra a essas "melhorias", mas sou contra ficar buscando somente fora, vivendo de *fake news*, usando "filtro" na vida e criando personagens para si mesmas.

Muitas vezes, em minhas viagens, encontro pessoas de anos atrás que me perguntam o que eu faço para parecer mais jovem e mais bonita: "O que você está fazendo? Me conta!". A minha resposta é sempre a mesma: "Tratando o coração!". Quanto mais você trata o teu coração, mais você vai brilhar. Agora, quanto mais você ignorar, mais irá "enfeiecer". Tomo a liberdade de criar esta nova palavra, porque não é igual envelhecer; envelhecer não é o problema. É lindo ver idosas charmosas, tanto de cabelos brancos como pintados. Meu sonho é chegar à idade mais avançada com cabelos brancos, acho belíssimo. É preciso olhar para si e dizer a sua idade com orgulho, seja 50, 60, 70. O triste é quando vejo meninas de 30, 40, que eu daria uns 60. E por que isso acontece? Porque estão adoecidas por dentro. Quando não se trata o coração, acabamos passando por um processo de desfiguração. Os maus tratos do coração vão "enfeiecer" você!

O que você guardou? Sabe aquele segredo que você guardou e disse que não contaria nunca para ninguém? Este segredo está fazendo com que sua boca fique cada dia mais travada e seu corpo mais doente. Quando a boca cala, o corpo fala! Por que estou com problema nas cordas vocais? Por que estou com problema na tireoide? Por que estou com problema no pulmão? Por que estou com problema nas costas? A força emocional que você faz para guardar segredo tem o poder de esgotar todas as suas energias. Não existe exame para medir isso, mas, se tivesse, iríamos ver quanta energia estamos gastando e como estamos adoecendo por não saber lidar com lembranças passadas. Têm mulheres que estão fazendo esforço para guardar coisas desde os 5 anos de idade. Essa força que você está fazendo é uma causa de adoecimento. CHEGOU O MOMENTO DA DECISÃO: BUSQUE A TUA CURA INTERIOR! Deus quer curar teu coração e este momento chegou para sua vida.

Escreva agora a sua decisão e seu comprometimento em buscar ajuda para curar seu coração:

MARIA OU JEZABEL: QUAL DELAS VOCÊ QUER SER?

Quero te apresentar uma mulher chamada Jezabel ou Jezebel. Ela foi esposa de Acab, que reinou sobre as dez tribos do norte de Israel, de 874 a 853 a.C. Acab destacou-se pelo sucesso militar e político, mas era um homem "fraco em questões religiosas".

"Acab, filho de Amri, fez o mal aos olhos do Senhor, e mais ainda que todos os seus predecessores. Como se lhe não bastasse o andar nos pecados de Jeroboão, filho de Nabat, desposou ainda Jezabel, filha de Etbaal, rei dos sidônios, e chegou até a render culto a Baal, prostrando-se diante dele. Erigiu um altar a Baal no templo que lhe edificou em Samaria. Acab fez também a aserá, irritando assim o Senhor, Deus de Israel,

mais ainda que todos os seus predecessores no trono de Israel." (1 Reis 16,30-33)

Ele escolheu casar-se com Jezabel, princesa fenícia, filha de Etbaal, um sumo sacerdote e rei pagão. A malvada princesa provinha da cidade Fenícia de Tiro, onde seu pai havia sido sumo sacerdote e rei. Ela, portanto, adorava ao deus Baal.

Segundo o dicionário bíblico, Baal é um termo hebraico que significa "senhor". É o nome do deus mais importante e mais popular da Síria, Fenícia e Canaã. Este deus era considerado o senhor do céu e, consequentemente, o deus da chuva, da vegetação e da fertilidade em geral. Seu culto sempre atraiu os israelitas (cf. 1 Reis 16,31-33; 18,20-21), apesar de combatido pelos profetas (cf. Jeremias 2,23; 11,13; Ezequiel 6,4-6; Oseias 13,1-6).

Para agradar a esposa, Acab edificou um templo e um altar para Baal (cf. Jeremias 16,32), promovendo, assim, a idolatria; quase todo Israel estava indo a Baal. Os adoradores de Baal se envolviam em uma espécie de "fornicação sagrada" no templo para louvá-lo como a fonte da vida. Às vezes, o povo até oferecia crianças para serem queimadas como sacrifício (cf. Jeremias 19,5). O casamento de Acab com Jezabel cumpriu uma agenda política e interesseira, mas não a vontade de Deus. Biblicamente, aquela união foi um adultério espiritual e uma traição a Deus. A influência deles, como lepra, aprofundou o sincretismo religioso e a apostasia da nação. Ao mesmo tempo que o povo professava servir a Deus, também servia a Baal.

Na mensagem de Cristo à Igreja de Tiatira, em Apocalipse 2,20-21, Jezabel é citada: *"Mas tenho contra ti que permites a Jezabel, mulher que se diz profetisa, seduzir meus servos e ensinar-lhes a praticar imundícies e comer carne imolada aos ídolos. Eu lhe dei tempo para arrepender-se, mas não quer arrepender-se de suas imundícies"*.

Jezabel se tornou uma rainha em Israel, e com toda maldade de seu coração, seduziu e manipulou o Rei Acab. Por que a história desta mulher é importante para nós? Quando eu falo de Jezabel, estou falando de uma mulher que usou o poder que Deus lhe deu para destruir e matar; estou falando de uma mulher que trabalha com a sexualidade de forma pervertida, que manipulou pela beleza, pelo poder e pelo corpo; estou falando de uma mulher que gosta de mandar e que não entende o que significa a submissão e o respeito ao seu marido; estou falando de uma mulher que procurava o ponto fraco das pessoas, que guardava mágoa, raiva e ódio no coração, e que deixava todo tipo de sentimentos maus tomarem conta de si e que, no fundo, idolatrava a si mesma.

Nos capítulos anteriores, falamos de Ester, Judite, Débora, Jael e Maria. Ao falarmos agora de Jezabel, temos um outro tipo de mulher. Quando comparamos Maria e Jezabel, vemos as atitudes de duas mulheres que fizeram escolhas completamente diferentes e colheram os frutos de suas escolhas.

Maria foi aquela que renunciou aos seus planos para cumprir o plano de Deus, enquanto Jezabel matava para ter o que queria. Quando falamos de Maria, estamos falando de uma mulher de uma humildade absurda, de uma mulher que não manipulava e que não queria o poder, que foi honrada em meio à dor, que silenciou e foi elevada. Uma mulher de um coração santo e cheio de virtudes. É quase um absurdo comparar as duas, pois estamos colocando duas mulheres muito antagônicas: uma de um coração muito mal e outra de um coração santo.

Quero, neste momento, te fazer uma pergunta: com qual das duas você quer se parecer? As tuas atitudes te levam para mais perto de Maria ou de Jezabel? Quero que, agora, você faça uma avaliação de suas atitudes. Eu espero que a sua resposta tenha sido de parecer com Maria, mas o que deve responder mesmo são as suas atitudes.

Muitas vezes estamos sendo o que não deveríamos, estamos nos perdendo em nós mesmas e estamos nos distanciando da beleza que Deus colocou em nós. Faça deste capítulo uma profunda avaliação das suas reais intenções e das atitudes que você está tendo. Tome uma nova decisão hoje!

Vamos ler juntas o que diz Eclesiástico 25,17.22-24.26-29.31:

"Toda ferida é tristeza do coração e toda malícia é maldade de mulher. Não há veneno pior do que o da cobra, e não há ira pior do que a da mulher. É melhor morar com leão e dragão do que conviver com mulher má. A maldade da mulher lhe altera o rosto e lhe obscurece o semblante como o de um urso. É pequena toda maldade em comparação com a maldade da mulher: a sorte dos pecadores caia sobre ela. Como a subida pela areia para os pés de um velho, assim é a mulher faladeira para marido quieto. Não te deixe levar pela beleza da mulher e não cobices as suas posses. Coração humilhado, rosto sombrio, ferida no coração, eis a obra da mulher má."

Esta Palavra traz a figura da mulher má de uma forma muito forte. Existe um relato de que o ex-presidente Barack Obama, dos Estados Unidos, foi a um jantar com sua esposa, Michelle Obama. Lá, ela se deparou com um ex-namorado, que era um dos garçons da festa. Ao terminarem a conversa, o presidente pergunta para sua esposa quem era aquele homem. Ao ouvir que era um ex-namorado, não se conteve e disse: *"Viu só, Michelle, se você tivesse casado com ele, provavelmente hoje você seria uma garçonete"*. Ela, calmamente, respondeu: *"Engano seu, querido! Se eu tivesse casado com ele, hoje ele seria o presidente dos Estados Unidos!"*.

Deus deu um poder a nós, mulheres! Existe uma graça grandiosa sobre nós, só que o mundo quer te convencer de que o verdadeiro poder é ser como Jezabel. O corpo da mulher sofre um grande ataque. O mundo quer que você aceite que o poder está no corpo – na carne – e, por isso, deturpa-o, como se ele fosse um objeto de sedução e de manipulação.

Um dia, eu estava caminhando na praia com a minha sobrinha, que na época tinha seis anos, e vimos um *outdoor* – isso já tem um bom tempo, hoje em dia é muito mais comum – de uma mulher de calcinha e sutiã. Na hora, eu falei: "Nossa, eu nunca tinha visto um *outdoor*, uma propaganda de calcinha e sutiã". A minha sobrinha olhou para mim e disse: "Não dinda, não é da calcinha, é da sandália!". Lá no final, a mulher estava com as pernas cruzadas e com uma sandália. Pensei comigo mesma: "Por que colocar uma mulher de calcinha e sutiã para fazer propaganda de uma sandália?! Por que expor a mulher assim?!".

Quantas imagens estão sendo colocadas diante dos nossos olhos, diante dos nossos jovens, diante das nossas crianças. Me assustei com o lançamento de um certo filme que "fez" com que todos se vestissem de rosa quando o iam assistir. Fui ao *shopping* buscar um documento e, quando vi tantas pessoas de rosa, fui procurar saber o que estava acontecendo. Fiquei questionando o porquê de não ter visto no lançamento do filme "Terra de Maria" o cinema lotado de pessoas vestidas de Nossa Senhora, ou com blusas dela, ou coisas parecidas. O mundo nos instiga a copiarmos modelos com características, normalmente, contrárias à fé.

Muitas coisas começaram a ser comuns: mulheres faladeiras, fofoqueiras, mentirosas. Começou a ser comum a mulher que tem um, dois, três relacionamentos; começou a ser muito comum a mulher que "apronta". Tudo isso que, antes, não era tão normal, hoje em dia passa a ser. Você sabe o porquê que as mulheres estão falando demais? Porque não estão falando o que tem que falar, estão fugindo do que realmente importa falar e, consequentemente, fugindo do que se tem que ser. Essas malícias – fofoca, mentira, orgulho, etc – começam a entrar no teu coração através das feridas da tua história. Todas temos feridas, todas temos marcas na nossa vida, todas nós temos marcas na nossa história; e a ferida que não é tratada, se deforma.

Num primeiro momento, quando te pergunto se você se parece com Jezabel ou com Maria, você pode ter ficado até confusa para responder. Mas sabe qual é a probabilidade de estarmos nos parecendo mais com Jezabel? Deixa eu te dizer: é uma grande possibilidade! A probabilidade é grande pois, muitas vezes, deixamos essas feridas guardadas no fundo do coração e não as tratamos. As lembranças dolorosas vão nos corroendo por dentro, nos deformando de tal forma que, aquele coração que tinha tudo para ser bom, vai se tornando mal. Começamos a não ser o sinal do amor no mundo. Maria é o sinal do amor, Maria gerou o Amor.

Você sabia que você tem uma missão grandiosa de AMAR? Certa vez, estava pregando num retiro para 120 pessoas, e, no meio de uma pregação, cheguei perto de uma mulher e fiz a seguinte pergunta: "Você diz 'Eu te amo'?". Ela olhou para mim e respondeu: "Não acho necessário". Olhei novamente para ela e perguntei: "Mas você diz 'Eu te amo', se precisar?". Ela novamente olhou para mim e, com um rosto não tão sereno, disse: "Não acho necessário". Percebi que a questão era complexa dentro daquela mulher, mas havia toda uma assembleia olhando e aguardando para ver o desfecho daquela conversa. Olhei para ela, mais uma vez, e insisti: "Mas, se precisar dizer, você consegue?". Neste momento, percebi que ela se alterou, falou forte e de forma grosseira que não achava necessário.

Pensei qual seria a forma de explicar para ela e para todos a importância daquele momento e, olhando para a assembleia, perguntei se havia alguém que era da família daquela mulher. No fundo daquele auditório, um rapaz levantou a mão se apresentando como um familiar dela. Perguntei quem ele era e, quando ouvi que era filho, questionei: "Você sabe que sua mãe te ama?". Ele respondeu: "Sim, eu sei, mas a vida toda esperei ouvir ela dizer". Naquele momento, todos ficaram chocados com a resposta do garoto e um silêncio se fez naquele lugar.

Até que uma pessoa levantou a mão e pediu para dar um testemunho: "Sou empresário e vim para este retiro curar meu coração. Meu filho foi até minha empresa para falar comigo. Entrou no meu escritório e, como eu estava num dia muito atarefado, não dei atenção a ele e, ainda, o critiquei por ter ido até meu escritório. Ele, me ouvindo falar que estava ocupado, foi embora. Passadas três horas, recebi a notícia de que meu filho tinha saído do meu escritório e pulado da ponte". Este homem olhou para aquela mulher e disse: "Eu perdi muito tempo fazendo muitas coisas que achava necessário, mas, o mais importante, eu não fiz. Não perca a oportunidade!". Aquela mulher se levantou e foi correndo até o filho. No meio do corredor, os dois se abraçaram, e ela repetia inúmeras vezes: "Te amo filho!". Toda a assembleia ficou entre lágrimas, louvor e aplausos. Vimos a graça de Deus se derramar sobre aquele lugar.

Por que, às vezes, somos tão duras? Por que, às vezes, temos tantas dificuldades em dizer o que sentimos? Por que tanta dificuldade de abraçar, de amar, de dizer que tem saudade ou que precisa de ajuda?

A ferida na nossa alma e na nossa história deforma o nosso coração, e nós, mulheres, precisamos ter muita atenção, pois *onde está o teu coração, aí estará o teu tesouro* (cf. Mateus 6,21). Falaremos melhor disso em outro capítulo.

Amada, você tem um poder de se transformar, de transformar quem está ao teu lado e transformar até mesmo o ambiente. A mulher tem esse dom, esse poder dado por Deus. Se alguém um dia te disse que você não faz a diferença, seja curada disso agora, em Nome de Jesus! Não existe uma mulher que não faça a diferença. Toda mulher nasceu para fazer a diferença!

Qual é o dia do teu nascimento? Escreva aqui:

______/_______/_______

Este dia foi de batalha. Foi ou não foi?! Sabe por quê? Porque todo dia que nasce uma mulher, o inferno estremece.

Recorde agora deste versículo de Gênesis 3,15: *"Porei inimizade entre ti a mulher, entre a tua descendência e a dela. Ela te esmagará a cabeça e tu lhe ferirás o calcanhar"*. Você sabia que Maria esmaga a cabeça da serpente? Isso porque, primeiro, óbvio, ela é mulher, e também por todas as suas virtudes. Mas esta profecia, como você já sabe, foi dirigida a todas as mulheres. Acorda, minha amada, há um grande poder que foi dado a você!

Pode ser que este livro tenha chegado em suas mãos num momento em que você está um pouco abalada, abatida ou deprimida. Pode ser que as pessoas tenham falado totalmente o contrário do que você está lendo aqui. Pode ser que a sua família nunca tenha dito sobre a sua importância. Pode ser que a tua mãe não tenha te ensinado sobre o grande poder que Deus colocou em você.

Mas eu estou aqui para te dizer: desperta, tu que dormes! Acorda, filha, e seja curada pelo Nome de Jesus! O Senhor quer te levantar verdadeiramente como uma *Ezer*: socorro para o mundo!

Pode ser que, agora, você esteja pensando: "Como me parecer com Maria, depois de tudo o que passei? Como ter virtudes no meu coração? Eu tenho mágoas, eu tenho dores, eu tenho medos. Eu não consigo, eu tenho ciúmes, eu sinto vazios, eu sinto carências". Eu te respondo: curando teu coração! Muitas podem dizer que não têm tempo e nem podem parar para estas coisas de cura, mas lembre-se que você não é uma máquina e nem mulher-maravilha. Alguma hora, essas feridas vão parar você. Uma hora a força acaba, a saúde acaba, a paciência de quem está ao lado acaba...

Quando uma mulher deixa de amar, ela deixa de viver!

Existem traumas que trazemos desde o ventre da mãe, que marcam a nossa vida de forma que nem imaginamos. Eu sofri um ataque de morte no ventre da minha mãe. Quando grávida de mim, com 4 meses de gestação, minha mãe perdeu um filho de 19 anos. De repente, ela recebe a notícia de que seu único filho homem, que era soldado e atleta, tinha tido uma parada cardíaca.

Ouvi muitas vezes minha mãe dizendo que filho não devia morrer antes dos pais. Durante a minha gestação, vivenciei um profundo luto. Minha mãe, desde então, não parava de dizer que ela é quem tinha que ter morrido. Imagine tudo o que o bebê foi absorvendo naquele momento... Provavelmente, a sua mãe não te contou tudo sobre a sua gestação. Hoje em dia, já temos muitos estudos científicos que comprovam a força e o poder que este período tem em nossa vida. Muitos são os registros que vamos fazendo ao longo dos 9 meses de gestação e que vão definindo a nossa vida. A tua gestação marcou todas as áreas de sua vida, de todos os tempos.

Quando eu nasci, minha família estava de luto, minha mãe em depressão, mas lutando para me dar tudo o que eu precisava. Apesar dos meus pais terem feito todo o possível para que eu não sentisse, isso era impossível. Eu absorvi toda aquela tristeza e registrei que eu estava gerando toda aquela dor.

O bebê não tem capacidade de **entender** o que está se passando com a mãe e o pai naquele momento, ele não tem razão ou consciência para poder discernir aquilo que está acontecendo. Apenas **sente** que ele é o motivo de tudo.

A minha história gestacional não era falada em nossa família, ficou guardada com vários detalhes velados. Eu não sabia o que estava registrado dentro de mim e muito menos entendia os sentimentos que eu tinha. Quantos pensamentos de morte se passavam em minha cabeça, ainda tão pequena; quantas insatisfações, frustrações e doenças. Não gostava do dia do meu aniversário, sempre acordava triste e não entendia o que se passava dentro de mim. Era uma pessoa triste, deprimida, ansiosa, insatisfeita, e nem imaginava as feridas que já trazia no meu íntimo. Conto todo este testemunho, como superei essa depressão infantil e as várias tentativas de suicídio no livro *"Aprenda a lutar. Um Itinerário de cura com São Rafael Arcanjo"*. Eu passei tantos anos sofrendo, achando que eu era inadequada... Mas, por fim, compreendi a frase: *"Deus me quis. Ele me colocou aqui com um propósito"*.

Amada, talvez você esteja vendo a sua vida por uma ótica completamente errada, talvez esteja achando que você nasceu para sofrer ou que não foi amada, que a tua história é o problema, que é o teu pai e a tua mãe são o problema, mas Deus quer te mostrar a ótica verdadeira. Tua vida tem um propósito, Deus te colocou no mundo com uma força, com um poder. Deus me marcou com essa força mesmo sem eu saber, e esta foi a força que sustentou a minha mãe. Mas entenda: o demônio não brinca! Ele tenta impedir que nossas feridas sejam curadas, para que não sejamos transformadas. Ele coloca "lupa" em nossos olhos para que vejamos tudo pela lente da rejeição e do desamor. Ele nos quer escravas de nossas feridas, pois sabe a grande potência que há em nós.

Deixa Deus, hoje, abrir teus olhos e marcar você com a verdade. Deixa Deus retirar as mentiras que têm deformado você e te aproximado de alguém que você não é e não foi chamada a ser. Entenda que, se você não curar teu coração, a maldade e a malícia vão reinar, e você será para seus filhos o que não deveria e nem gostaria; será para seu marido uma esposa muito alterada e diferente de quem você é. Enfim, você acabará sendo para sua família e amigos o que não deveria ser: uma mulher azeda, fechada, com espinhos, cascas, rodeada de "muros" ou "dentro de casulos".

Um dia, chegou em nossa Comunidade uma mulher para fazer um retiro com o tema "Curados para amar". Quando iniciou o momento de acolhida, apresentamos uma pesquisa científica sobre o abraço e a necessidade de darmos 24 abraços para sermos pessoas mais equilibradas emocionalmente em nosso dia. Aquela mulher, imediatamente, saiu do local da palestra e foi embora. Quando chegou no portão, perguntamos o porquê de ela estar indo embora, ao que replicou que odiava abraços. Fico pensando: quantas coisas estão limitadas em você e que não deveriam? Quantas coisas você está se limitando a ser e fazer por causa dos seus traumas? De quantos lugares você está deixando de ir por causa dos seus traumas? Quantas coisas você está deixando de falar por conta dos seus traumas? Nós temos a oportunidade de nutrir nosso coração com o que é bom ou o que é mau. Temos a oportunidade de nos parecermos mais com Maria ou com Jezabel. Tudo depende do que estamos fazendo com nosso coração e com as nossas histórias.

Escreva o que ficou mais forte para você nesse capítulo:

MULHER, TEMPLO DA BELEZA

"O essencial não é pensar muito, é amar muito." (Santa Teresa d'Ávila)

A beleza é muito importante na vida e no mundo. Ela realça não só o mundo à nossa volta, ela realça tudo, inclusive a nós mesmas. A beleza é uma das coisas que fazem a vida valer a pena. Ela enriquece a vida. A vida sem beleza se torna empobrecida.

Já esteve diante de um Cânion? Ou diante das Cataratas do Iguaçu? Já parou para contemplar a grandeza e beleza do mar? Para onde quer que olhemos, de alguma forma, a beleza responde às nossas necessidades mais profundas.

Existe sempre algo de vulnerável na beleza, algo que quase a faz parecer supérflua, mas não é. Ela tem um fim em si mesma e não precisa de uma função. Quando um artista representa algo belo, coloca seus sentimentos e valores, e isso se torna uma seta para quem está vendo. A beleza tem muita importância no mundo, porque ela pode transformar o mundo, ela pode mudar pensamentos e comportamentos. Ela nos atrai para coisas mais profundas... é uma pedagogia da bondade, uma pedagogia de Deus. Toda beleza é uma forma de chegar até Deus.

O conceito de beleza tem se alterado de forma a fazer com que todos vejam o contrário. No entanto, a beleza real fala de Deus, mostra Deus, e quanto mais nos afastamos do belo, mais nos afastamos de Deus. Entende, agora, essa tática de destruir aquilo que é belo? Já percebeu que, quando nos deprimimos, deixamos a beleza de lado? Não temos desejo de nos arrumar, de arrumar a casa, de embelezar-se para alguém... mas, quando estamos felizes, apaixonadas, vibrando com a vida, rapidamente temos o desejo de arrumar o ambiente, de comprar coisas belas, de nos arrumarmos. Isso mostra que a beleza se manifesta nos mais belos sentimentos. Ela aparece quando a alma está iluminada.

Mulher é templo da beleza! Deus, quando pensou na mulher, ornou-a de beleza para que O resplandecesse. Tornar-se templo significa que estamos entrando plenamente em nossa identidade mais profunda:

sermos local de uma presença única de Deus. Você é chamada a ser um "local" da presença de Deus. Como é triste quando viajamos para o exterior e vemos tantas igrejas que estão abandonadas, tantos templos que viraram museu ou qualquer outra coisa. Sentimos o vazio daqueles locais. Mas, quando entramos num templo bem ornado, iluminado, onde Deus é adorado, sentimos a forte presença Dele e o acalento na alma, mesmo quando estamos somente de passagem por aquela Igreja. Assim acontece quando nos aproximamos de uma mulher que está vazia de Deus e de uma que não está. Um templo habitado e um templo vazio. Qual você tem sido, minha amada?

Quando Adão viu a mulher, pela primeira vez, ele exclamou: *"Desta vez sim, osso dos meus ossos e carne da minha carne. Ela se chamará mulher (Isha) porque do Homem (Ish) foi tirada"* (Gênesis 2,23). O homem entendeu o sentido místico da mulher. No hebraico, "osso" significa dizer "sustentáculo da vida", e "carne" significa "a própria pessoa". Se entendemos isso, este versículo, traduzido para nosso entendimento, seria: *"Desta vez sim, ela é o meu sustentáculo, é vida de minha vida"*. O homem se extasia diante da beleza criada por Deus. O corpo da mulher precisa resplandecer a beleza de Deus. Teu corpo não é um acessório ou um acidente que você tem que portar. Não podemos ter este pensamento dualista antigo: "O corpo não presta, vai morrer. O espírito que é importante". Muitas ainda têm um olhar muito negativo para o próprio corpo, não cuidam, não respeitam e ignoram que ele resplandece aquilo que trazemos dentro.

Você é um mistério único e irrepetível. Leia em alta voz esta palavra profética sobre sua vida: **"Meu corpo não pertence a mim, pertence a Deus, e me foi dado como dom para eu amar. Eu posso amar".**

São João Paulo II disse: *"A dignidade feminina será mensurada na medida que ela amar"*. **Amar, para nós, não é um mero chamado, é questão de vida ou morte!** Pode ser que muitos traumas tenham te feito negar teu corpo e negar o amor, mas saiba que, assim, você estará negando sua própria vida.

Você já chegou a dizer algumas das seguintes frases?

- *"Nunca mais vou amar ninguém!"*
- *"Nunca mais vou ser boba de confiar em alguém!"*
- *"Nunca mais vou depender de homem nenhum!"*
- *"Amar é coisa de gente fraca, de gente boba!"*

Se você disse alguma destas frases e ainda concorda com elas, saiba que você está correndo o risco de perder a sua felicidade. Quanto mais você amar, mais você será FELIZ! Sei que você conhece esta frase de forma diferente, achando que *"Quanto mais você amar, mais você será amada"*. Quantas vezes você amou e não foi amada? Quantas vezes você se decepcionou esperando ser retribuída no amor? Muitas mulheres, depois de se decepcionarem, se fecham ao amor e se isolam. Quando somos feridas no amor, acabamos criando uma barreira de defesa para que ninguém nos fira mais. Rompa com este pacto de fechamento agora! Declare comigo: "Em Nome de Jesus, eu perdoo a todos os que me feriram e todos aqueles que não retribuíram meu amor. Me perdoo por todas as vezes que dei mais do que deveria e que esperei mais do que deveria. Eu me perdoo, em Nome de Jesus. Eu declaro que sou marcada com a marca de Deus, que sou chamada a amar e que me abro a amar e ser feliz! Amém!"

O corpo da mulher está ligado ao amor. Tudo foi pensado e planejado para expressar amor. Muitas, infelizmente, têm apenas "carregado" o corpo, sendo que ele deveria expressar o que somos: templos de Deus, templos do amor.

Seu rosto é a expressão do coração. Seu olhar, o espelho da alma. Suas mãos são expressão da sua vida espiritual. Seu sorriso, sinal da presença de Deus. Seu abraço, sinal da cura de Deus. Sua vida está, desde o extremo das mãos até o extremo dos dedos dos pés, marcada para expressar amor. Quando eu penso em mulher, eu penso em amor e ternura.

> *"Vamos sempre nos encontrar com um sorriso, pois o sorriso é o começo do amor."* (Santa Teresa de Calcutá)

O nosso corpo carrega uma necessidade de ser visto e, quando isso acontece, sentimos que nossa vida tem sentido, que existimos para alguém. Temos uma necessidade de um olhar pousado sobre nós sem cessar. É por isso que a mulher é mais religiosa do que o homem, pois está ligada a nós esta necessidade de sermos vistas e amadas o tempo todo, e que homem nenhum fará o suficiente para preencher, apenas Deus. Deus nos ligou a Ele e este é o Seu desejo: que estejamos todo tempo sob o Seu olhar.

Você entendeu que, para ser o templo da beleza, Deus precisa estar no centro do teu coração e da tua vida? Seremos cada dia mais belas, quanto mais deixarmos Deus habitar em nós. Quanto mais curadas, restauradas e inteiras, mais conseguiremos amar, e, assim, seremos plenamente felizes.

ORAÇÃO DE CONSAGRAÇÃO DOS SENTIDOS[5]

Senhor, te rendo graças pelo corpo que Tu me deste e que escolheste para ser o templo da Tua presença. Quero acolher o Teu olhar amoroso sobre este corpo que muitas vezes tenho dificuldade de aceitar. Perdoa-me por tão pouco me amar e respeitar a Tua obra. Quero te dar graças, hoje, pela ressurreição da carne, pelo dia em que serei transformada à Tua imagem e semelhança, pelo meu rosto que será aquele que Tu me deste, que não mais será marcado pelo sofrimento e nem pelo pecado. Entrego-me inteiramente a Ti para que comeces esta obra de transfiguração, e que eu seja cada vez mais semelhante a Ti. Faz de mim um instrumento da Tua paz e do Teu amor.

Senhor, peço-Te que purifique os meus ouvidos. Perdoa-me por não ter sido vigilante e por ter deixado entrar em mim tantas coisas. Perdoa-me por ter tido um ouvido complacente com a maledicência, com a calúnia e com a maldição, e por ter deixado o meu coração obscurecer

5 *O Corpo: Templo da Beleza,* Jo Croissant.

ao acolher, sem discernimento, tantas palavras que não vinham de Ti. Consagro-Te meus ouvidos para que, por eles, eu possa acolher a Tua Palavra. Abra-os para que ouça a Tua voz, para que eu esteja na Tua escuta e na escuta dos meus irmãos. Como Salomão, peço-Te um coração que escuta, um coração que tem compaixão.

Senhor, purifique os meus olhos, purifique o meu olhar. Guarda-me do olhar altivo e de desprezo. Peço-Te perdão por estar, muitas vezes, mais pronta a ver o mal do que o bem. Perdoa-me por me comprazer nas imagens que despertam em mim a desordem, e não fechar os olhos para o que é mau. Consagro-Te meus olhos, a fim de que eu possa ver o invisível, reconhecer tua presença que se esconde em cada coisa, cada acontecimento. Dá-me olhos que se maravilhem e que contemplem a tua Glória inscrita na criação. Eu te dou o meu olhar e meu sorriso, para que sejam instrumentos do teu amor e da tua bondade. Como Maria, que meu olhar revele a beleza de todo ser, dê vida e nobreza a todas as coisas. Põe, Senhor, uma guarda em minha boca e vela sobre a porta dos meus lábios. Purifica-os de toda palavra vã. Peço-te perdão por todas as palavras que não estiveram a serviço do teu amor, todas as palavras que não pude reter e que escaparam de mim, pois meu coração perdeu a inocência. Perdoa todo mal que saiu da minha boca, perdoa-me por ter julgado meus irmãos, por meus falatórios inúteis que não edificaram. Eu te consagro minha boca, a fim de que ela sirva para bendizer a ti e aos meus irmãos, a proclamar a tua palavra, a cantar os teus louvores, a render-te graças em todos os lugares e em todos os tempos. Senhor, tende piedade da minha fraqueza e da minha intemperança. Peço-te perdão por todas as vezes em que não soube moderar meus instintos, controlar meu apetite, resistir às tentações da gula e de usar cada coisa de uma maneira equilibrada. Consagro-te meu paladar, a fim de que o desejo de experimentar a vida que tu colocaste em mim seja todo ordenado em direção ao bem. Que eu saiba apreciar o sabor dos alimentos e crescer no reconhecimento para ti, que criaste todas as coisas com sabedoria e por amor.

Senhor, purifica em mim o sentido do tato, pelo qual me colocaste em contato com a vida e com os outros. Remeto a tua misericórdia, todos os desvios da minha sensualidade, todas as vezes em que busquei mais tomar do que receber. Perdoa meu desejo de pegar para minha própria satisfação. Perdoa também minha inconsciência e falta de gratidão pelo dom da vida que tu não cessais de me comunicar a cada instante. Consagro-te esta capacidade de receptividade que colocaste em mim, a fim de que eu esteja sem cessar em contato com o real, que eu possa receber todas as boas e belas coisas que dispuseste para mim em tua criação, e através delas te receber e te amar.

Senhor, eu te consagro também meu olfato, e mesmo se dos meus 5 sentidos, ele é aquele que foi o mais preservado pela queda, tenho consciência de pecar por omissão, de não fazer caso bastante do dom que me tiveste, ao me permitir sentir e experimentar os odores e os perfumes, e pressentir assim as delícias do meu futuro.

Amém!

Qual decisão você toma a partir desse capítulo?

O CORPO CARREGA EM SI AS MARCAS DO AMOR

(KARLLA POMPERMAIER PESSIMILIO)

"Então Deus disse: 'Façamos o homem à nossa imagem e semelhança. Que ele reine sobre os peixes do mar, sobre as aves dos céus, sobre os animais domésticos e sobre toda a terra, e sobre todos os répteis que se arrastam sobre a terra.' Deus criou o homem à sua imagem; criou-o à imagem de Deus, criou o homem e a mulher." (Gênesis 1,26-27)

Quero compartilhar este capítulo com minha querida Karlla Pompermaier Pessimilio, consagrada da Comunidade Água Viva e atual coordenadora do Centro São Rafael. Como fisioterapeuta, trabalha na área de análise e

Terapia Corporal. Com sua experiência e vivência no autoconhecimento e cura pelo corpo, irá nos ajudar a completar este aprofundamento em nossa identidade. Deixo as palavras com ela!

Quando o escritor bíblico nos apresenta que somos a imagem e semelhança de Deus, ele nos coloca diante de uma profunda e inquietante verdade: trazemos as marcas de Deus em nós! A você, querida leitora, Deus reservou o que possuía de melhor: Sua própria imagem e semelhança.

Nosso íntimo está marcado com algo profundo. Dizer que somos *imagem e semelhança* de Deus significa que possuímos "alma" ou "alma racional" (refere-se à nossa interioridade: consciência, razão), inteligência, liberdade, vontade e, ainda, que refletimos a sabedoria e a bondade do Criador. Contudo, sabemos que **Deus é Amor**, como nos diz o evangelista João, em sua primeira carta, no capítulo 4. Logo, podemos compreender que todas essas características, descritas acima, que nos fazem semelhantes a Deus, têm sua origem no amor, e tudo em nós nos impele a amar, procurar e manifestar Deus. Toda nossa inteligência, liberdade e vontade, em nossa mais pura essência, sempre nos levará ao encontro de Deus.

Deus é Amor. **Ele** é Trindade. Sua essência está em Se relacionar, porque o amor não se contém em si mesmo e sempre é em direção ao outro. Se somos a Sua imagem e semelhança, o somos mediante a comunhão de pessoas, mediante a capacidade de amar e, impelidos pelo amor, somos enviados a ir ao encontro e, assim, nos relacionarmos com Ele e com o outro. Essa capacidade, portanto, é o que nos move e nos impulsiona a buscar o amor como vivência e complemento. A marca do amor está na essência de cada ser humano: homem e mulher. Os dois possuem em si a mesma dignidade de criação. Porém, esta mesma dignidade se realiza de forma distinta, ou seja, temos estrutura biológica, genética e psíquica diferentes, e, devido a isso, o homem e a mulher desempenham suas missões e seus papéis de formas diferentes.

É importante, aqui, associarmos essa compreensão a uma outra: nossa realidade corporal! É "no" e "através do" corpo que nossa capacidade de amar se manifesta ou se expressa no mundo a partir de atitudes, ações e expressões. O Catecismo da Igreja Católica nos ensina que Deus, desde o princípio dos tempos, criou toda a realidade existente, a espiritual e a corporal (os anjos e o mundo terrestre), e criou o ser humano partícipe dessas duas realidades - espírito e corpo (cf. CIC 327).

O ser humano é constituído da realidade espiritual e corporal em unidade, não de forma dissociada, mas de forma uníssona: *"A alma não é uma parte do homem ao lado do corpo, mas o centro de sua pessoa. (...), mas também o corpo não é simplesmente uma parte do homem. Ele é a pessoa na sua relação concreta com o mundo..."* (Renold Blank).

No mundo intelectual e acadêmico, encontraremos muitas divisões da constituição da pessoa, mas, para tornar didática e simples a nossa compreensão, vamos entender que a "alma" se refere em conjunto à nossa interioridade, à nossa essência e à nossa identidade. Ela está unida ao corpo de maneira inseparável e se manifesta e se expressa através dele.

João Paulo II diz a esse respeito, nos fazendo compreender que:

> *"O corpo, e* ***somente ele é capaz de tornar visível aquilo que é invisível: o espiritual e divino****. Ele foi criado para* ***transferir para a realidade visível do mundo o mistério invisível*** *escondido em Deus desde os tempos imemoráveis, e assim ser um sinal deste mistério".*[6]

Compreendemos esse ensino a partir da encarnação de Jesus: somente tendo um corpo, Deus tornou visível aquilo que era invisível – o espiritual e o divino. Através da encarnação, Deus tornou visível o amor, e, quando Jesus Se fez homem, pudemos aprender como ser, como nos comportar, como compreender e viver o amor. Assim, compreendemos a nós mesmos. Com nosso corpo, manifestamos visivelmente o que temos de mais profundo em nós: a nossa alma. Diz o monge beneditino, Anselm Grun, que nós expressamos a nossa constituição psíquica com o nosso corpo, e ele [o corpo] é mais honesto que o nosso entendimento, pois ele não mente.[7]

Pois bem, o nosso corpo tem em si as nossas características: a personalidade, o psíquico, a compreensão de mundo. Tudo em nós é uma unidade, somos um só. Tudo em nós contém em si tudo que nós somos. Pense em um copo com água. Agora imagine adicionar uma colher de chá de sal nesse copo. Mexendo bem, o sal será dissolvido, e em qualquer parte da água terá sal, não dá mais para separar. Para quem olha o copo, não dá para perceber que tem sal misturado na água, mas ele está ali, em toda parte da água contém sal. As-

---

6 *Teologia do Corpo,* São João Paulo II.

7 *Rezar com o corpo,* Anselm Grun e Michael Reepen.

sim somos nós: nosso corpo, alma e psique são uma unidade, não dá para separar (toda e qualquer divisão é apenas de forma didática para compreensão).

O corpo é a expressão visível de tudo o que trazemos em nós, de tudo o que somos; é a manifestação do querer do nosso íntimo, é a expressão das emoções, é a atitude concreta. Tudo que temos dentro de nós é manifestado fisicamente de alguma forma: em gesto e/ou atitude, palavras e/ou ações.

Retomo aqui o ponto de que a mulher (nosso objetivo de estudo neste livro) traz em si, em sua constituição mais profunda, uma capacidade de amar própria de sua identidade feminina, de sua alma feminina, de seu jeito feminino, e vivenciará e expressará isso de muitas formas. Dentre tantas características, uma de essencial valor neste contexto é a maternidade: o corpo da mulher é moldado e estruturado para acolher, **dentro de si**, outro ser. Existe, no corpo, um espaço marcado e preparado para **receber, gerar, dar vida, nutrir, sustentar** em seu interior. Inclusive, no original da Bíblia, para "mulher" usa-se o termo *"nequeva"*, que significa "gruta", "fenda", "um espaço interior". Isso confere à mulher, desde sua mais tenra idade, a qualidade da maternidade. Não importa se, necessariamente, engravidamos; todas trazemos em nosso corpo essa fôrma, que é uma das representações físicas de nossa constituição interior. Temos um útero feito para acolher; temos seios feitos para, além de acolher, alimentar – não só do leite, mas, sobretudo, do amor e da segurança através do contato físico. Trazemos em nós, desta maneira, a força de acolher, a força do afeto, a força da compaixão, da empatia, da necessidade de sentir o outro, de levar vida, de abraçar, de sentir o coração, de alimentar o outro e "sustentar", sobretudo, no amor.

Para o homem, a paternidade tem outro sentido. O seu próprio corpo marca essa diferença, que é a expressão de sua constituição. Não abordaremos, agora, este assunto, mas, para te fazer refletir nesse aspecto de suma importância: nossas características físicas são carregadas de sentido profundo, de essência, e todas elas falam de nós. A paternidade tem sua beleza. Porém, suas características e sua essência são próprias do homem.

Quero ressaltar 2 pontos importantes:

1) É COM O NOSSO CORPO QUE EXPRESSAMOS O AMOR.

> *"Meus filhinhos, não amemos com palavras nem com a língua, mas por atos e em verdade."* (1 João 3,18)

Tendo a marca do amor em nós e sabendo que a marca de Deus em nós nos garante a capacidade de amar, vamos, necessariamente, manifestar essa capacidade ao mundo através do nosso corpo, visto que é o corpo o meio pelo qual transformo o que há dentro de mim em atitude concreta. É somente assim que amamos. Às vezes, pensamos que trazendo muito amor dentro do peito é o suficiente, mas não é! Porque, como pessoas inteiras, se nossa alma e nossa interioridade são marcadas com o selo do amor, nosso corpo também será. Você tem facilidade para abraçar? Você consegue dizer que ama? Você tem facilidade para tocar o outro? Você tem facilidade para fazer carinho e para manifestar o seu amor com atitudes e gestos doces e carinhosos? Por muito tempo, isso foi muito difícil para mim. Às vezes, eu sentia que parecia ter espinhos em minhas mãos, e Deus precisou (e ainda precisa, porque a cura é um longo processo em nós) me resgatar e romper muitas coisas em mim.

Precisamos compreender: nosso corpo e também nosso coração, criados para nos relacionarmos, só serão plenamente preenchidos quando formos ao encontro do outro, em gestos, em atos concretos, porque somos impelidas a isso.

Jesus nos disse: *"Amai o próximo como a ti mesmo"* (Mateus 22, 39). Jesus faz uso de uma comparação. Como você se ama? Ou, talvez, como você deveria se amar? Infelizmente, quando olhamos para nossa vida íntima, muitas não se amam tanto, mas vamos deixar essa parte para o tópico seguinte. Se cuidando, se perdoando, cuidando das suas coisas, fazendo o que você precisa fazer, tendo responsabilidade com sua alimentação, cuidando de sua casa e seus espaços... são todos exemplos práticos de amor consigo mesma. O autocuidado não pode ficar só no campo do desejo, se não vira ilusão. Assim somos enviadas a amar o próximo.

São Tiago nos diz: *"Podeis ver, pois, que alguém é justificado com base naquilo que faz e não simplesmente pela fé. (...) Assim como o corpo sem o espírito é morto, assim também a fé, sem as obras, é morta"* (Tiago 2,24.26). A força da fé, necessariamente, precisa ser transformada em atitude prática para ser real: se não tem obra, a fé não é verdadeira; se não tem gestos concretos, o amor não é real – é ilusão!

Tudo isso especialmente para a mulher, pois toda a sua constituição física tem a marca da ternura e do amor materno.

A mulher carrega em sua identidade a força de gerar, amamentar/alimentar, cuidar e educar, dar vida em múltiplos sentidos, até que a criança se torne uma pessoa capaz de se cuidar e ser feliz. Diz São João Paulo II que *"a maternidade está ligada com a estrutura pessoal do ser mulher e com a dimensão pessoal do dom"*. O amor que a mulher tem dentro de si é cheio dessa força: dar vida ao outro, cuidar, ensinar, conduzir, levar vida. "A *mulher não pode se encontrar a si mesma senão doando amor aos outros*", disse São João Paulo II em seu documento sobre a dignidade da mulher. Temos uma enorme força de nos doarmos pelo outro para que o outro tenha vida. Todas as mulheres, mesmo as que não tiveram filhos, têm essas características, porque faz parte de sua constituição enquanto pessoa, e tudo isso vai ser manifestado ao mundo e ao outro – o outro é quem está ao lado, quem está perto de seu coração, dos seus olhos, da sua preocupação – de forma concreta em sua intenção, em seu pensamento, suas atitudes e gestos.

Entenda que, se esse amor não se torna um gesto concreto, algo está disfuncional, está errado, não está coerente, está contrário à natureza humana, mas, especialmente, da mulher. É simples assim: se tem amor (e todos tem, porque todos somos criados à imagem e semelhança de Deus), ele certamente será expresso de alguma forma, porque o nosso corpo SEMPRE vai manifestar o que temos em nós. Se permitimos que essa capacidade de amar cresça e crie forças em nós, ela certamente se transformará em gesto, em atitude em direção ao outro. Certamente nosso coração irá se desaguar em atitudes externas, seja em um abraço, em um sorriso, em uma ajuda, em uma gentileza, um cuidado etc.

Temos, na própria Bíblia, muitas passagens que retratam, de alguma forma, essa importância dos atos práticos. Vou utilizar uma que fala muito para nós: a Palavra do Pai misericordioso. Esta passagem pode nos ajudar a compreender a importância deste tópico. Em Lucas 15, diz que o filho mais novo pediu sua parte da herança e foi embora. Certo tempo depois, tendo o filho gastado toda a sua herança e passado fome em uma situação deplorável, ele pensou que poderia voltar e que o pai dele, ao menos, o receberia para dar-lhe o mesmo tratamento que dava aos empregados. Mas, depois que ele decide voltar, ele se surpreende com a reação do pai. A Palavra diz assim:

> *"(...) Quando ainda estava longe, seu pai o avistou e foi tomado de compaixão. Correu-lhe ao encontro, abraçou-o e o cobriu de beijos. O filho, então, lhe disse: 'Pai, pequei contra Deus e contra ti. Já não mereço ser chamado teu filho'. Mas o pai disse aos empregados: 'Trazei depressa a melhor túnica para vestir meu filho. Colocai-lhe um anel no dedo e sandálias nos pés. Trazei um novilho gordo e matai-o, para comermos e festejarmos. Pois este meu filho estava morto, e tornou a viver; estava perdido, e foi encontrado'. E começaram a festa." (Lucas 15,20-24)*

Esta passagem é uma parábola, ou seja, é uma história que Jesus contou com um objetivo de ensinar algo. Sendo uma história contada por Jesus, Ele escolheu dizer de forma como iria ensinar o que estava desejando. Ele poderia ter apenas nos dito que o pai acolheu o filho, aceitando-o de volta e ponto. Para aquela época, pedir a herança antes do pai morrer era como declarar que o filho não pensava no pai. No fundo, o filho estava dizendo que queria viver sua vida sozinho, longe, sem se importar com seu pai. Portanto, se a Palavra, no final dessa história toda, somente descrevesse que o pai acolhia o filho de volta, só isso já seria uma profunda manifestação de perdão e amor. Mas, Jesus fez questão de detalhar que o pai o abraçou, o cobriu de beijos, o restituiu com a melhor veste, pôs-lhe um anel no dedo, sandália aos pés e, ainda, mandou fazer uma festa em gratidão pelo filho ter voltado. Cada detalhe e cada gesto desta Palavra nos apresenta a importância das atitudes, do afeto, do ir ao encontro, e cada tipo de gesto também carrega em si um significado profundo. Tudo isso é muito forte para o ser humano em si, mas, para a mulher, tem um significado ainda mais especial.

Essa história relata a atitude do pai. Portanto, poderíamos associar como uma atitude masculina, mas Jesus associa ao Pai do Céu, à Deus Pai. Deus não tem sexo, Deus não é humano, Deus é divino. Nos referimos a Ele como Pai. Ele nos ama com amor tão intenso, tão profundo, tão maior do que podemos compreender que a Palavra diz que o amor de Deus por nós é maior do que o amor de mãe (cf. Isaías 49,15), trazendo uma referência de um amor **muito grande** que conhecemos e que nossa mente alcança, mesmo que seja, ainda assim, incomparável. O Papa Francisco também fala desta referência: *"Este é o amor de Deus, como o de uma mãe. Deus não se esquece de nós. Nunca. Não pode, é fiel à Sua aliança. Isso nos dá segurança (...)"*. Embora não nos refiramos a Deus como mãe, o amor Dele se assemelha como tal e ainda o ultrapassa. Por isso, usaremos da parábola do filho pródigo para nossa compreensão dos gestos, e irei direcionar de forma mais específica para a mulher:

a) "Quando ainda estava longe o pai o avistou...".

Já ouviu a frase: "Os olhos são a janela da alma"? É exatamente isso. Através dos olhos manifestamos ao mundo nossa interioridade. Eles refletem o que estamos sentindo. É, também, através dos olhos que alcançamos a interioridade dos que estão diante de nós.

Os olhos (visão) nos ligam de forma extraordinária ao nosso interior, ao nosso cérebro, às lembranças, pensamentos, raciocínio, compreensão – nos ligam de dentro para fora. Manifestamos no olhar, por exemplo, nossas emoções, seja de alegria, de tristeza, de raiva, angústia, disposição, sonhos etc. Eles comunicam nosso interior ao meio externo. Além disso, nos ligam, também, de fora para dentro. Tudo aquilo que vemos entra em nós e provoca uma reação interna. Os olhos comunicam o exterior ao nosso interior. É por isso que os olhos leem – tudo que vemos gera em nós uma reação, nada passa diante dos nossos olhos sem que gere algo, seja um sentimento/emoção, seja uma lembrança, seja uma atitude – e também "falam". Sim, os olhos falam, porque expressam de nós. Nossos olhos não mentem, eles são a janela do interior para o mundo, falam coisas que as palavras não dizem, falam até mesmo aquilo que, muitas vezes, gostaríamos de esconder ou o que não sabemos expressar.

Ao *avistar o filho que estava longe*, o pai demonstra estar à espera – em uma doce e ansiosa espera pelo filho, por amor. Esse olhar *ao longe* nos passa a sensação de que o pai estava cheio de amor, expectante, preocupado e, ao mesmo tempo, seguro que o filho iria voltar. Ele se manteve ali, olhando ao longe, como se pudesse alcançar o filho e enviar, através do olhar, o amor que tinha em si. Imagine a sensação do filho ao perceber que, mesmo de longe, tinha o olhar do pai sobre si. Mesmo tendo ido embora sem a vontade do pai, mesmo numa vida em inconformidade com o que, provavelmente, aquele pai o ensinou, mesmo assim o pai *o viu ao longe*. Indescritível sensação a de sentir-se olhada por amor e com amor! Receber um olhar amoroso preenche o coração de afeto, de amor e de carinho; nos dá segurança, amparo, nos sustenta, nos estimula, nos constrói. A Bíblia não conta, mas ouso dizer que o filho se sentiu mais confiante em voltar e falar com o pai ao sentir aquele olhar amoroso sobre si.

A mulher tem o dom de manifestar o amor que gera vida através do olhar (lembre-se: cada parte do seu corpo manifesta o todo que traz em si). O olhar tem o poder de curar a alma e o coração de quem se sente amado e olhado com amor. A mulher tem o poder de transbordar emoção, afeto, compaixão, desejo de construir o outro, de amar o outro, de gerar vida no outro, e quando está curada e inteira, manifesta isso também no olhar. Um olhar de amor constrói uma criança desde sua mais tenra idade. Além do mais, um olhar de amor é algo tão profundo e poderoso que pode marcar nossa vida para sempre, independente da fase que nos encontramos.

Tantas vezes, na vida, passamos distraídas. Tantas vezes voltamos nosso olhar para a tela do celular, correndo ali informações inúteis ou repetitivas, e deixamos de olhar para as pessoas que estão ao nosso lado. Tantas vezes, acumulando preocupações e distrações, não vemos as belezas de Deus ao nosso redor, não reparamos nos pequenos gestos de amor de quem está ao nosso lado, não reparamos nos pequenos sinais de pedido de ajuda de quem mora com a gente ou de quem trabalha na mesma sala. Às vezes, também, no fundo, não queremos ver para não nos responsabilizarmos, como se fosse melhor nem olhar e não se sentir na responsabilidade de fazer algo. Pense bem! Esta é a realidade de muitas mulheres. Não há problema em você se identificar assim. O que não podemos é permanecer neste lugar! Certamente, se você viu alguma coisa, você precisa se responsabilizar por aquilo; claro, no que compete a você. É urgente entregar tudo isso a Deus e deixar que Ele cure teu olhar.

Não ter aprendido a **olhar**, não ter desenvolvido este dom, não significa que não o tenhamos. Está intrínseco em nós, faz parte da nossa essência. Por isso, podemos nos desenvolver e aprender em qualquer fase da vida, podemos deixar que o dom se manifeste em nós em qualquer momento, basta que nos dediquemos. Você, mulher, tem o dom de **ver o coração, de alcançar a interioridade** daquele que está ao seu lado. Pare, olhe, contemple, ame pelo olhar, perceba os detalhes, perceba com o olhar mais do que com o ouvido e você verá que vai alcançar mais profundo os corações; veja o ambiente, veja as pessoas, olhe para a natureza, olhe para sua casa, olhe para os seus, alimente seu olhar com o belo de Deus. Pense, ainda, nos olhares que Maria lançou sobre Jesus. A Palavra diz que ela guardava as coisas no coração e mantinha silêncio. Maria, com certeza, se comunicava com o olhar. Maria, com certeza, olhou demoradamente para Jesus em cada passo, cada momento, cada instante; ensinou e aprendeu, amou e foi profundamente amada.

Além de tudo, ao observar tudo o que te rodeia, seu coração será automaticamente estimulado a agradecer, e a gratidão vem como um doce fruto desse processo belíssimo.

b) "Correu-lhe ao encontro..."

Esse movimento demonstra o ato de estar tão cheio do desejo de estar junto que não bastava esperar que o outro viesse. Ele foi, ele correu para encontrar! O ato de **encontrar** é algo realmente interessante, gera uma profunda satisfação na alma, um gozo interior. É algo que preenche. Lembre-se, agora, de alguma coisa importante que você perdeu, procurou, esperou e, por fim, encontrou. Como é boa a sensação de encontrar algo perdido! É uma forte sensação de preenchimento de um vazio! Agora, eleve essa sensação a uma potência absurdamente, ou melhor, incomparavelmente superior: esta deve ser a sensação de encontrar um filho que estava perdido e que retornou para o seu lar, para sua família, para o amor e a segurança. É como uma peça que se encaixou, como um membro que retornou para seu devido lugar. O pai não podia esperar em seu lugar, ele precisava correr, ele precisava ir!

Agora, pensemos nessa característica para a mulher. A mulher tem em si uma força grande de vida. Ter sido constituída para gerar, como vimos acima, significa que tem em nós o dom de dar vida. Mesmo que a mulher, de fato, não tenha um filho biológico, ainda assim ela tem em si a força de gerar vida: na vida das pessoas, no meio onde está, no trabalho e por onde passa. Mesmo uma criança já tem em si a força de gerar vida. Não importa a idade, não importa o que aprendeu e nem o que viveu, todas as mulheres trazem esse dom em si.

Esse dom é como uma força, um grande potencial que temos em nós, capaz de ir ao encontro do outro. Por isso, a mulher tem uma grande sensibilidade, uma intuição para perceber o ambiente, perceber o outro, perceber situações adversas ao seu redor, situações indignas, situações de desamor de diferentes esferas, e fazer algo para mudar essa realidade, levando vida ali. Seu corpo é preparado e impulsionado para isso, sua mente e seu coração também. Você já passou por alguma situação em que sua mãe disse algo como: "Parece que fulano não está bem. Ele disse que está, mas eu sinto que tem alguma coisa aí", ou: "Não tive um bom pressentimento dessa situação". É como se a mulher tivesse, em si, força e energia suficiente para ela e para dividir com o outro, e, de alguma forma, ela anseia por isso. Hoje, muitos terapeutas, ao tratar mulheres com depressão, sugerem, como tarefa terapêutica, a possibilidade de fazer um trabalho voluntário, e buscam acessar e ativar dentro daquela mulher essa força que pode estar "congelada".

Essa força de vida impulsiona; não se retém, não se detém, impele a ir ao encontro e, quando essa força é acessada em nós, ela é capaz de nos fazer correr! A realização deste impulso, que está dentro de nós, gera uma profunda satisfação na alma, uma plena realização e faz aumentar o amor que é um fluxo contínuo e permanente originado do coração de Deus. Nunca esgota; quanto mais se oferta, mais se tem.

c) "Abraçou-o e o cobriu de beijos..."

Neste gesto, Jesus nos ensina que o outro precisa sentir o amor que tem em mim. É necessário acolher o outro com amor e demonstrá-lo **com afeto**. Não só com palavras, mas com todo o seu ser.

Tem uma história que a Raquel sempre conta a respeito de um antigo hospital do interior, onde estava havendo um índice muito alto de mortes de recém-nascidos prematuros. Já não havia recursos para melhorar esta condição. Um médico percebeu uma senhora andando pelos corredores do hospital com um bebê no colo; no outro dia com outro, e depois com outro. Ao perguntar sobre aquela mulher, a enfermeira lhe disse: "É a velha Ana. Quando um bebê recém-nascido prematuro está em estado crítico, ela fica com a criança no colo durante todo o tempo, e incrivelmente esses bebês têm recuperado a saúde e se salvado". O médico, então, avaliou a situação e constatou que todos os bebês que a velha Ana cuidou, tinham melhorado de saúde, a ponto de sobreviverem e terem alta hospitalar. Isso por causa do afeto e do contato físico que ela oferecia naquele momento da vida deles.

Essa história nos demonstra o poder do toque. O toque é essencial para o desenvolvimento humano normal, em todas as áreas da pessoa, desde seu nascimento. Além disso, gera segurança e reforça os laços afetivos. A pele é o maior e mais antigo órgão do ser humano, é o órgão mais sensível e que dá acesso ao primeiro sentido a se desenvolver no embrião humano. Ela se desenvolve a partir da mesma base que o sistema nervoso, ou seja, tem uma grande ligação com nosso cérebro. O toque com afeto e o abraço liberam hormônios que promovem bem-estar, prazer, tranquilidade, alegria e até analgesia (controle da dor).

Voltando à Palavra, o ato do pai de abraçar e **cobrir de beijos** aquele filho, chama a atenção porque destaca a forma intensa de demonstrar àquele jovem a sensibilidade do seu sentimento. A mulher, por natureza, tem essa sensibilidade e essa transparência para expor seu afeto e demonstrar, com todo o seu ser, o seu amor. Tem uma dinâmica que a Raquel sempre faz nos retiros de cura para mulheres, onde ela mostra, na prática, a diferença entre dois homens e duas mulheres se acolhendo e demonstrando seu amor (não irei descrever aqui. Se você já participou deste retiro, você já se recordou e, certamente, já sorriu. Se você ainda não participou, sugiro não perder a oportunidade). É incrível como a mulher tem a necessidade de demonstrar o seu amor com todo o seu corpo, acolhendo o outro e trazendo para perto de seu coração, unindo seu coração ao do outro, acolhendo não só o corpo, mas a pessoa por inteiro. Esse abraço tem a força de romper barreiras, de oferecer um sopro de vida, de restabelecer a esperança e a segurança nos corações.

Essa sensibilidade da mulher também se refere ao fato da sua união com Deus. É por isso que sua capacidade de demonstrar amor em gestos sensíveis tem o poder de curar os corações.

d) "Trazei depressa a melhor túnica para vestir meu filho. Colocai-lhe um anel no dedo e sandálias nos pés..."

Revestir o filho desta forma, como nos apresenta a Palavra, para aquele contexto, era devolver o lugar do filho, restabelecendo sua dignidade e transformando a condição humilhante e deplorável em que ele se tinha colocado. Depois de acolher o filho e demonstrar todo o seu amor através dos gestos, o pai estava, em atitude prática, devolvendo ao filho sua condição de herdeiro, transformando sua realidade e restabelecendo a vida.

A mulher traz, em si, essa grande capacidade de transformar a realidade. Com sua sensibilidade, sua criatividade e sua força de dar vida, a mulher tem poder de transformar a si mesma e de levar essa transformação ao seu redor. Quantas vezes já assistimos essa transformação em nós mesmas: quando estamos tristes por algum motivo, nossa aparência fica sem vida, a pele resseca, o cabelo parece não se ajeitar por nada e nenhuma roupa parece servir ou ficar bem. Quando reagimos, nos erguemos e sentimos, quase automaticamente, o desejo de nos arrumar. Qualquer roupa parece ter um perfeito caimento, o cabelo parece aquietar-se e a pele retoma sua viscosidade e brilho natural. Assim somos nós em qualquer ambiente: temos a capacidade de transformar a sombra e o opaco em luz e cores, porque a **vida** transforma! A força de vida transforma realidades de caos em harmonia, guerra em paz, ódio em amor. Um sorriso de uma mulher, em harmonia, comunica alegria, transmite paz, segurança e amor.

> *"Quando falta a mulher, falta a harmonia. (...) O homem não traz harmonia: é ela. É ela que traz a harmonia, que nos ensina a acariciar, a amar com ternura e que faz do mundo uma coisa bela." (São João Paulo II)*

2) NÓS PRECISAMOS DE CURA!

Sim, a mulher tem em si tudo o que descrevi nas páginas anteriores. Se você não se vê ou não se identifica assim, você não está vivendo com tudo o que pode. Claro, temos nossas diferenças – diferenças de personalidade, de jeito, de forma de ver e de se relacionar –, mas, em maior ou menor grau, nossa essência é a mesma. É como a semente que vira uma planta: a semente tem um aspecto, a planta tem outro. Mas a semente tem em si a potência de ser planta. Ela não é planta ainda, mas, na hora certa, ela se transforma na planta que nasceu para ser. A semente de manga se transforma em pé de manga, a semente de acerola se transforma em pé de acerola, a semente de morango se transforma em pé de morango, e assim por diante. Todos os pés de manga são da mesma espécie (darão manga), mas podem ter algumas diferenças, pois existem muitos tipos de manga diferentes. No entanto, todos são mangas. Assim, também, toda mulher é como uma semente: tem em si a inscrição de ser uma **bela planta**. Como existem tipos diferentes da mesma planta, assim também existem mulheres diferentes, mas todas têm a mesma essência.

Nossa história, tudo o que passamos, nossas alegrias, nossas tristezas, nossas dores, nossos conflitos, mágoas, emoções, feridas, padrões familiares... tudo o que pensamos a nosso respeito, também está marcado em nosso corpo. Em um contexto geral, nós não aprendemos a identificar essas marcas em nós, mas a verdade é que carregamos tudo em nosso interior, em nossa lembrança, em nosso coração e, também, em nosso corpo. Às vezes, sem saber, vamos vivendo a nossa vida e temos atitudes que não conseguimos identificar de onde vêm. Às vezes, temos sintomas e até doenças, e não compreendemos o porquê. Muitas vezes, a resposta está, justamente, aqui: as dores que trazemos dentro de nós, sem atenção, sem serem tratadas como deveriam, acabam "vindo para fora" de uma forma inesperada.

As marcas negativas da nossa história, as mágoas, as feridas, a tristeza, a falta de perdão, a culpa, têm o poder de deturpar a marca do amor. Essas marcas negativas, quando não tratadas, não curadas e não trabalhadas, vão nos deformando e minando a força do amor, gerando rigidez e fechamento em nosso coração e em nosso corpo. Isso é muito importante para a mulher. Quando permitimos que a mágoa e a falta de perdão fique em nosso coração, ele vai se enrijecendo, assim como o nosso corpo. Como consequência, nosso abraço fica desajustado, viramos mulheres duronas **por fora** e nossa semente é impedida de virar a planta que nasceu para ser.

Atendemos uma mulher, certa vez, que estava com câncer, muito doente, e quando fomos rezar com ela, Deus mostrava que ela guardava mágoa do esposo. Perguntamos e ela confirmou aquela revelação. Seguimos, assim, com a oração para que ela perdoasse seu esposo. Ela não quis continuar. Disse que não iria perdoar e que se aquele câncer fosse por falta do perdão, ela iria morrer com ele. Eu penso e te pergunto: a que ponto a mágoa endureceu o coração desta mulher? Esse câncer pode ter sido causado pela falta de perdão? Eu acredito que sim, porque os sentimentos ruins que guardamos vão marcando, também, o nosso corpo e abrem brechas para as doenças. Mas, independente da relação com a doença em si, Deus estava dando uma oportunidade para aquela mulher morrer em paz, perdoada, reconciliada, e ela preferiu morrer no pecado e na mágoa.

Recordo-me do testemunho que Raquel contou, em um dos capítulos anteriores, da mulher que foi embora do retiro porque não gostava de abraços. Ela deixou de viver a cura só porque não queria dar um abraço. Aquela mulher se fechou tanto que se deformou em sua capacidade de amar e se relacionar. Todo ser humano foi feito para se relacionar, e, quando nos fechamos, perdemos capacidades básicas e nos tornamos pessoas deformadas.

Às vezes, carregamos, em nossa história, o medo da rejeição, o medo do abandono, o medo da traição, a mágoa da pessoa que nos feriu, a culpa por ter ferido alguém, etc... Essas marcas vão nos dando combustível para o fechamento: acabamos optando por isolar nosso coração, como se fosse possível não mais sofrer. Desvirtuamos nossa essência pensando que, ao nos fecharmos, vamos nos proteger. No entanto, esta atitude acaba nos ferindo ainda mais. Sabe por quê? Porque, como disse acima, somos seres criados para nos relacionarmos e, quando nos fechamos, vamos contra o que temos em nós. Por isso, ao tentarmos nos proteger, nos machucamos.

Seremos mais felizes quanto mais abertas ao amor, quanto mais abertas a manifestar o amor ao outro. Para isso, precisamos de cura. Sim! Toda mulher precisa curar a sua história e curar o seu coração para estar livre para amar, para se expressar e para manifestar, a todos ao seu redor, a face do amor materno de Deus. Livres para *olhar, acolher, abraçar e cobrir de beijos*! Somente uma mulher curada é capaz de manifestar o verdadeiro amor, é capaz de fazer de seu coração e de seu corpo um canal de cura também para o outro. É preciso curar a nossa história, nossa mente e nosso corpo. É preciso que o amor de Deus preencha nossos vazios e nossa alma para que sejamos a mulher que fomos criadas para ser.

> *"Que vossos ouvidos sejam marcados pela Cruz do Cristo, para que escuteis a voz do Senhor; vossos olhos, para que possais entrever a glória de Deus; vossos lábios, para que saibais responder a Deus que vos fala; vosso coração, para que o Cristo habite em vós pela fé; vossos ombros, para que tomeis vossa Cruz a cada dia, a fim de seguir o Cristo. Sede marcado inteiro com o sinal da Cruz para que possuais a vida, em Nome do Pai, do Filho e do Espírito Santo. Amém!"* (Ritual do batismo)

Qual decisão você toma a partir desse capítulo?

CONECTADAS AO CÉU

Esta é a primeira coisa que você, minha amada, precisa entender: sua alma está ligada ao céu. Uma mulher sem Deus é uma mulher sem vida. Nossa alma deseja o céu. Temos que entender que, sem a oração, sem a intimidade com Deus, já declaramos **que perdemos** a guerra. A narração da criação, em Gênesis, já traz vários detalhes com fortes significados para nós.

Ao nos criar, Deus poderia ter feito o homem e a mulher do mesmo jeito e ao mesmo tempo. Mas isso não acontece! **Como já disse, nos capítulos anteriores,** cada um porta uma missão e uma força própria e isso já fica claro na forma como a Bíblia descreve:

> *"O Senhor Deus formou, pois, o homem do barro da terra, e inspirou-lhe nas narinas o sopro da vida e o homem se tornou um ser vivente. Ora, o Senhor Deus tinha plantado um jardim no Éden, do lado do oriente, e colocou nele o homem que havia criado." (Gênesis 2,7-8)*

> *"Então, o Senhor Deus mandou ao homem um profundo sono; e enquanto ele dormia, tomou-lhe uma costela e fechou com carne o seu lugar. E da costela que tinha tomado do homem, o Senhor Deus fez uma mulher, e levou-a para junto do homem. 'Eis agora aqui – disse o homem – o osso de meus ossos e a carne de minha carne; ela se chamará mulher, porque foi tomada do homem.'" (Gênesis 2,21-23)*

Em Gênesis, pela primeira vez, as palavras homem e mulher têm a mesma raiz. "Homem" se escreve "*ish*" em hebraico, e "mulher" se escreve "*isha*". Esta letra a mais, *Isha*, significa "sopro, espírito". A mulher já traz na sua essência um ser mais religioso, mais voltada às coisas do céu. A mulher não deve jamais esquecer a oração. Ela é feita para estar em ligação com Deus. Por natureza, ela é mais religiosa do que o homem, é mais interiorizada e mais atraída naturalmente para as coisas espirituais. Adão é aquele que foi tirado e formado da Terra e, depois, Deus o colocou no Éden, no Paraíso. A mulher já foi criada no Paraíso. É por isso que ela tem sempre a saudade do céu.

Quando a palavra diz que a mulher foi tirada da costela do homem, temos alguns significados. Já trouxemos do hebraico pré-histórico no capítulo anterior, mas agora precisamos entender outro significado desta palavra. "Costela" significa "metade". Tirar a costela do homem significa tirar a sua metade, ou seja, significa dizer que Deus tirou o lado inteiro do homem. Deus não tirou a mulher dos olhos do homem, senão ela se tornaria muito curiosa; ele também não a fez das orelhas, do contrário ela teria mania de querer escutar tudo; também não quis tirá-la da boca do homem, ou assim ela falaria demais. Mas Deus fez a mulher do lado do coração do homem, da metade mais íntima do homem, marcando a força da vida e missão que porta.

> *"O amor humano entrou no mundo com a criação da mulher." (São João Paulo II)*[8]

A mulher, ao ser criada da metade do homem, recebe a missão de ser o coração, o complemento, o sustento e o amor. Entenda que, quando Deus criou o homem, criou-o fora do Paraíso e deu-lhe o poder de nomear a criação. Ele cria a mulher dentro do Paraíso, dentro do jardim. O jardim traz o significado de lugar de intimidade, mostrando que a mulher, por natureza, depende de intimidade com Deus, tem um forte anseio pelo transcendente e, quando não coloca Deus neste lugar, irá procurar outra coisa para a saciar. Sabemos que somente Deus é capaz de preencher a nossa alma, por isso temos essa carência de amor e essa fome de Deus em nós.

Minha irmã, Deus nos marcou para que pudéssemos ser o socorro Dele neste mundo. Ele nos criou de uma forma que, se não tivermos Ele, seremos mulheres insaciáveis e, eternamente, carentes, numa busca frenética que leva à morte. Quantas mulheres conhecemos que

---

8 *Mulieris Dignitatem.*

estão buscando inúmeros meios de "consertar" o próprio corpo e nunca estão satisfeitas. Claro que não estou falando das cirurgias necessárias ou de tratamentos estéticos dentro de uma "normalidade", mas sim da busca incessante de mudanças por causa das insatisfações consigo mesma. Começa-se uma busca pelo corpo ideal, pelo rosto ideal, mostrando suas profundas insatisfações. Infelizmente estamos numa era de beleza artificial, quase beirando a feiura ou o ridículo. O que era belo para todos, hoje já não parece ser mais. Por isso, quero falar sobre a beleza da mulher nos próximos capítulos.

Outro caminho de busca, para preencher vazios da alma, é o caminho da compulsão. Quando Deus não sacia uma alma, ela busca nas compras, na comida, nas pessoas, na bebida ou nos vícios. A alma precisa ser saciada e, quando ela não se encontra com o Único que pode fazer isso, busca outros meios para que isso aconteça. Quantas mulheres estão escravas de compras? Quantas têm várias peças guardadas no guarda-roupa que nunca usaram? Quantas estão escravas da comida, tentando saciar seu interior e dando ao alimento uma importância maior do que o devido? Quantas sabem que não podem ou não devem comer tal alimento, mas não resistem, sendo dominadas pelo prazer?

Outro caminho é o do isolamento, solidão e adoecimento. Quantas mulheres doentes? Quantas que não conseguem passar um dia sem reclamar de dor, ou que não conseguem viver sem sua bolsa de remédio? Quantas acreditam que a doença é sua melhor companhia? Quantas pensam que, ao ficarem doentes, terão alguém que cuide delas, e isso impede que elas encarem o medo da solidão ou da rejeição? Quantas estão fazendo do celular o seu melhor amigo? Quantas estão caladas achando que o isolamento é o melhor caminho? Entenda que quando a boca cala, o corpo fala! Muitos adoecimentos têm sua raiz em sentimentos guardados, palavras não ditas e situações não resolvidas.

Pode ser que até hoje você tenha visto a vida espiritual como um acessório em sua vida, mas, na verdade, é a sua maior necessidade – é seu alimento, remédio, sustento, força e saúde, é a sua arma mais poderosa!

Uma mulher que reza desfaz guerras, desarma o inimigo e conquista vitórias!

Minha amada, tenha, no seu dia, o seu horário fixo de oração. Temos muitas atividades que nos consomem e, quando vemos, o dia acabou. Comece agora marcando o seu horário de encontro com o Senhor. Neste horário, é importante que você mergulhe na Palavra de Deus. Muitas podem pensar neste momento: "Eu já vou à missa e já rezo o Terço. O que mais preciso?". Eu estou falando de vida de oração, ou melhor, oração pessoal.

O QUE É A ORAÇÃO PESSOAL?

A vida de oração pode nos parecer, no primeiro momento, muito árdua e de difícil fidelidade, ou muitas vezes, uma obrigação que se impõe; mas devíamos desejar que se tornasse um momento de profundo relacionamento de amor, pois isso é a oração.

> *"Todos aqueles que puderem seguir essa via hão de encontrar repouso e segurança, pois estando o intelecto dominado, marcha-se com segurança." (Santa Teresa d'Ávila)*[9]

Deus, fazendo-Se carne e assumindo a nossa humanidade, revela-nos o desejo de que participemos da Sua própria vida. Ele deseja se comunicar e se relacionar conosco e, o responsável por fazer esta comunicação acontecer entre nós, é o Espírito Santo, vínculo de amor entre a eternidade e o tempo, entre os homens e Deus. Se Deus, no seu Espírito, se abre ao ser humano, isto significa que somos capazes também de nos comunicar. Como diz a tradição do pensamento cristão, o ser humano é *"capax Dei"*: capaz de conhecer a Deus e de acolher o dom que Ele faz de Si mesmo.

A oração é um dom dado por Deus a todos nós pelo Espírito Santo. Nós devemos pedir a Deus para movimentar o Seu Espírito em nós para que todos os dons que recebemos no batismo possam agir em nós, e assim teremos todos os meios necessários para um profundo relacionamento com Deus.

> *"O dom do Espírito Santo prometido ao homem e concedido 'sem medida' por Jesus Cristo significa, então, o chamamento à amizade, na qual as transcendentes profundezas de Deus são abertas, de algum modo, à participação por parte do homem." (São João Paulo II)*[10]

---

9 *Caminho de Perfeição*, 19,1.

10 *Dominum et vivificantem*, 34.

A arte de rezar é mais um dom do que conquista. Ou melhor: é puro dom. É graça dada gratuitamente. Se é verdade que cabe a nós insistir para aprender a rezar, é também verdade que o nosso esforço seria infecundo se Deus não nos desse o dom da oração. Então, antes de adentrar a via da oração, precisamos pedir muito e insistir na súplica para que Deus derrame o Espírito sobre nós. Não podemos nos cansar de pedir: "Vinde, Espírito Santo!".

É importante perceber, minha amada, que você tem todas as graças para uma vida de oração pessoal. Se você não se exercitar e não se esforçar, você terá o dom, mas não terá a ação eficaz deste dom na tua vida. Todo dom recebido necessita de um esforço humano para ser exercido. No entanto, hoje em dia, a palavra "esforço" está perdendo valor. O que é um esforço? De acordo com o dicionário, a palavra "**esforço**" significa "**intensificação de força, atividade, vontade, empenho, zelo, coragem e valentia**". Eu diria que esforço é fazer forçado. Há pessoas que dizem: "Ah, eu vou fazer um pequeno esforço...", mas não faz nada forçado. Na verdade, estamos perdendo o real significado desta palavra. Esforçar-se é fazer com muita força, é fazer algo com empenho, além das forças normais, é se forçar a fazer alguma coisa. Precisamos entender isso, pois, caso contrário, pensaremos que oração é simplesmente uma vontade, o que não é.

Oração não é vontade. É um esforço. É forçar-se. Este é o primeiro entendimento que precisamos ter. Alguns dizem: "Eu não vou ficar rezando forçado", mas esta é uma maneira errada de pensar. Precisamos iniciar uma oração, muitas vezes, de forma forçada, pois é necessária certa dose de esforço humano. Muitas podem pensar que deveriam rezar porque amam a Deus e deve fazê-lo naturalmente, tendo todos os dias um desejo imenso de rezar. Mas isso não é assim. Para começar a amar alguém é necessário muito empenho. Para amar Jesus, também precisa-se de empenho e dedicação, lembrando que amar não é um sentimento, e sim uma decisão.

Muitas entram em crise na oração achando que não amam Jesus porque não conseguem ser fiéis na oração ou porque tem dias que não estão com desejo da oração. Temos que ser decididas pela oração. É necessário entender racionalmente que, antes de um grande desejo, deve haver grandes esforços. Os próprios discípulos pediram a Jesus que os ensinassem a orar, pois não sabiam. Jesus conhece o nosso coração, e a oração não é a medida para demonstrarmos o amor que temos por Ele. Muitas vezes, precisamos aprender a amar ou aprender a conversar com Jesus. Ele não mede o nosso amor pela quantidade de vezes que nos colocamos em oração ou pela nossa capacidade de nos mantermos sempre fiéis numa vida de oração.

Santa Teresa d'Ávila dizia que a oração é a arte de amar. Amar é uma decisão e não um sentimento. O amor é algo decidido, é uma convicção. Sentimento é ter consciência de algo, uma emoção, uma percepção ou uma atitude emocional. O sentimento é paixão, saudade, é dor, enquanto o amor é algo racional e escolhido. Então, se vou escolher amar, estarei fazendo uma escolha com Deus. Por exemplo, quando alguém diz: "Eu não amo essa pessoa". Realmente, não se conseguirá amar alguém se não houver um esforço para estar do lado dela, para conhecê-la, respeitá-la e suportá-la. Será preciso também cativar essa pessoa e ser cativado por ela. Precisa haver uma decisão. Portanto, quando alguém disser: "Ah, mas à oração eu tenho que ir só quando eu estiver com vontade!", estará equivocado, pois só passará a amar a Deus e ter uma vontade contínua e diária quando for cativado por Ele, uma vez que O Senhor sempre nos cativa quando ficamos com Ele em oração.

> *"Pois, agora, eu que vou seduzi-la, levando-a para o deserto e falando-lhe ao coração" (Oséias 2,16)*

> *"Seduziste-me, Senhor, e eu me deixei seduzir! Foste mais forte do que eu e me subjugaste!" (Jeremias 20,7)*

Nos livros de Oséias e Jeremias, ouvimos falar da intimidade no deserto. Deus nos deseja muito mais do que nós a Ele. Ele insiste em nós. Por isso, precisamos nos deixar cativar e seduzir por Ele; e, assim, diremos com o profeta: *"Foste mais forte do que eu!"*. Deus já é louco de amor por você, mas Ele sabe que somos difíceis. Nós temos essa dificuldade e isso requer um esforço. **Assim, a oração é a arte de amar que requer de nós um esforço pessoal.**

Reze comigo suplicando ao Senhor o dom da oração:

> *"Jesus, Homem orante, ensina-me a rezar.*
>
> *Jesus, em comunhão íntima com o Pai,*
> *ensina-me a rezar.*
>
> *Jesus, contemplativo na ação, dá-me a graça*
> *de Te imitar.*

Jesus, orante no deserto, dá-me esse dom da oração silenciosa.

Jesus, orante na ceia, faz-me rezar à tua semelhança.

Jesus, orante na agonia, ensina-me essa arte de rezar.

Jesus, orante na cruz, morrendo a rezar, ensina-me a rezar sem cessar.

Jesus, orante no Céu, sempre a interceder por nós, dá-me a graça de aprender a rezar mais e melhor.

Jesus, Filho, em diálogo de amor com o Pai, ensina-me a imitar-Te.

Jesus, a rezar na vida no meio da multidão, dá-me a graça de uma oração incessante".

ORAÇÃO DE INTIMIDADE

Uma coisa que precisa ficar muito clara é que a oração não é vontade de rezar e que amar a Deus não é um sentimento. A oração é um ato humano. Eu costumo dizer que todo mundo reza, mas a qualidade da oração depende da fé que temos em Deus e da consciência que temos de Deus. Existem vários tipos de oração. **As orações consideradas como tradicionais** não levam a uma intimidade com Deus tão facilmente. É necessário ter um coração íntimo para fazer dessas orações uma oração de intimidade, levando a uma profundidade que elas proporcionam por si só. Não que sejam orações sem valor, pelo contrário, são muito valiosas. Por exemplo, a oração das mil Ave-Marias não nos leva a uma intimidade diretamente, mas é uma oração de profunda intercessão. Existem várias formas de oração e é necessário entendê-las, pois cada uma delas terá um fruto específico. Não podemos desejar ou exigir que todas as pessoas rezem do mesmo jeito, pois cada uma tem uma forma de rezar. Mas existe o que chamamos de oração de intimidade, e a esta todas nós somos chamadas. Temos o desejo de um aprofundamento na oração e todas sentimos o desejo de ir mais além, isso já sinaliza a marca do céu que trazemos na alma.

Como é possível ter uma oração de intimidade?

Para nós, a oração de intimidade surge a partir do olhar, o olhar profundo do Senhor em nossas almas. Quando se recebe este olhar do Senhor, a alma já inicia a oração: *"Minha alma vos deseja, de Ti tem sede minha alma, como terra deserta, seca, sem água"* (cf. Salmo 62). Em uma súplica insistente, a alma já começa a orar em profundo silêncio. E, ao ser olhada, não resiste, pois é escolhida por Ele para ser esposa, alma esposa do Esposo Senhor.

Você não pode duvidar e nem questionar o chamado do Senhor para uma vida de intimidade com Ele. Ele te chama porque te ama e te marcou, e não porque você é boa. Ele simplesmente te quer.

ENSINA-NOS A REZAR

Num dos momentos a sós com Jesus, os discípulos lhe pediram que os ensinasse a rezar. Jesus lhes ensinou de várias formas: ensinou a oração do Pai-Nosso, ensinou com Seu exemplo, ensinou como e quando se deve rezar. Hoje, precisamos voltar os olhos para Jesus, conhecer como foi que Ele ensinou os discípulos a rezarem e como também está nos ensinando.

Em Mateus 6,6, Jesus diz: *"Entra em teu quarto, fecha a porta e ora a teu Pai que está no escondido"*. Mesmo sabendo que Jesus está se referindo ao nosso coração quando diz *"quarto"*, é importante entender também que, ao se referir ao quarto, o Senhor está chamando a nossa atenção para a necessidade de termos um espaço físico, um lugar particular (lugar de intimidade) para fazermos nossas orações. É preciso fechar a porta para os vários pensamentos, preocupações e pessoas que trazemos para nossa oração, para que possamos ficar a sós com o Senhor.

Em Mateus 6,7, o Senhor nos diz para não multiplicarmos palavras quando estivermos rezando. Deus quer ouvir o nosso coração! Uma das coisas que tem distanciado muito as mulheres de Deus é o barulho. Trazemos, além de muitos barulhos exteriores, muitos barulhos interiores. Muitas não conseguem mais ficar num lugar sem falar, cantar ou ouvir música; não conseguem ficar em casa se não tiver algum som ligado. O silêncio tem sido a grande dificuldade de muitas, mas ele é essencial numa vida de oração, pois precisamos silenciar para ouvir o que está no mais íntimo de nós.

"É desatino pensar que havemos de entrar no céu sem primeiro entrar em nós mesmos, a fim de conhecer a nossa miséria, os benefícios de Deus e pedir-lhe muitas vezes misericórdia. Todos os danos provêm de não nos conhecermos devidamente." (Santa Teresa d'Ávila)

Que tal fazer este propósito espiritual agora mesmo? Tenho uma rotina de oração especial para quem deseja ser uma MULHER VITORIOSA.

Diariamente, temos uma grande oportunidade de iniciarmos o nosso dia rezando juntas através dos áudios de oração conduzidos por mim, disponibilizados nos grupos oficiais dos Vitoriosos no WhatsApp. Se você ainda não faz parte do grupo, me envie uma mensagem no meu Instagram (@raquelaguaviva).

Temos, também, diariamente no meu Instagram e no Spotify, a "Vitória de hoje", onde rezo com você o salmo do dia em apenas um minuto e meio, proclamando uma palavra de vitória que, ressoando na tua alma, direciona teu dia e te fortalece para vencer cada uma das suas batalhas.

Em seguida, meditamos o Evangelho do dia em nosso canal do YouTube e no Spotify, através do programa "Fala comigo, Deus!", onde somos mergulhadas na força da Palavra. Em menos de 15 minutos você é alimentada com uma mensagem profunda de Deus.

Ao meio-dia, de segunda a sexta, rezamos o Santo Terço Mariano (YouTube, Facebook e Instagram). E aos sábados, às 6h30 da manhã, rezamos o Santo Rosário. Esta é uma arma espiritual essencial para nós, pois Nossa

Senhora é aquela que passa à nossa frente e esmaga a cabeça da serpente.

Enfim, às 20h30, o grande momento de oração com o Sangue de Jesus, rezando o terço da Vitória pelo Sangue de Jesus (YouTube, Facebook e Instagram).

Perceba que todo o seu dia fica marcado com gotas de eternidade, fica marcado com a presença de Deus.

Mesmo eu te auxiliando em toda esta rotina, saiba que ainda há a necessidade de você ter o seu horário sozinha com o Senhor para que Ele te fale ao coração.

Escreva o que ficou mais forte para você nesse capítulo:

PODER DAS PALAVRAS

Deus deu à mulher o poder de esmagar a cabeça da serpente. Ele nos deu o poder de criar, de dar vida, de gerar, e precisamos entender que isso se expande desde nossas palavras até nossos atos: tudo o que falamos tem o poder de construir e de destruir.

Já estamos numa altura do livro em que é possível perceber o **incrível privilégio que é ser mulher. No entanto, também o é de uma enorme responsabilidade, não é mesmo?!** Como mulheres, temos um tremendo poder, e este não começa depois que casamos e nem termina quando os filhos saem de casa. Não somos somente esposas e mães, mas filhas, irmãs, tias e avós; somos colegas de trabalho, missionárias, patroas e funcionárias. Nossa influência se expandiu em nossa família, comunidade,

Igreja, cultura e ao redor do mundo. O que precisamos entender é que nossa influência se dá pelas nossas palavras.

Há um grande poder em nossas palavras.

Nós, mulheres, aprendemos a falar mais cedo e, normalmente, falamos mais do que os homens. Estima-se que, em média, meninas falem de duas a três vezes mais palavras por dia que meninos.[11] Pense em quantas palavras saem de sua boca! E a pergunta que te faço é: que tipo de palavras você tem falado? Palavras que orientam? Edificam? Incentivam? Ensinam? Ou palavras que controlam, manipulam e enganam?

Posso me lembrar de quantas palavras duras minha mãe me disse, que marcaram e definiram coisas importantes em minha vida, mas me lembro, também, de incentivos fundamentais que me forjaram a ser quem eu sou. Com certeza, você se lembra de mulheres que deixaram palavras marcadas em você, seja sua mãe, professora, técnica ou treinadora, catequista, secretária da escola, uma amiga ou uma irmã. Como estas palavras te impactaram para o bem ou para o mal? Agora pense: como suas palavras impactaram as pessoas à sua volta? Uma crítica descuidada ou uma palavra dita sem pensar é tudo o que se precisa para gerar o sofrimento em alguém.

"Palavras! Tão inocentes e impotentes paradas em um dicionário... Como se tornam tão poderosas para o bem e o mal nas mãos de quem não sabe como combiná-las!" (Nathaniel Hawthorne)

---

11 *The Female Brain,* Louann Brizendine.

"Quando pomos o freio na boca dos cavalos, para que nos obedeçam, governamos também todo o seu corpo. Vede também os navios: por grandes que sejam e embora agitados por ventos impetuosos, são governados com um pequeno leme à vontade do piloto. Assim também a língua é um pequeno membro, mas pode gloriar-se de grandes coisas. Considerai como uma pequena chama pode incendiar uma grande floresta! Também a língua é um fogo, um mundo de iniquidade. A língua está entre os nossos membros e contamina todo o corpo; e sendo inflamada pelo inferno, incendeia o curso da nossa vida. Todas as espécies de feras selvagens, de aves, de répteis e de peixes do mar se domam e têm sido domadas pela espécie humana. A língua, porém, nenhum homem a pode domar. É um mal irrequieto, cheia de veneno mortífero. Com ela bendizemos o Senhor, nosso Pai, e com ela amaldiçoamos os homens, feitos à semelhança de Deus. De uma mesma boca procede a bênção e a maldição. Não convém, meus irmãos, que seja assim." (Tiago 3,3-10)

A Bíblia traz várias passagens sobre o poder das palavras e o poder da língua. Essa de Tiago 3,3-10, citada acima, é um resumo poderoso sobre o poder da língua. Infelizmente, vejo muitas mulheres perdendo batalhas porque não estão sendo sábias em suas palavras e dizem aquilo que vem à mente. Não convém que seja assim, diz São Tiago. Como estamos nós neste esforço de domar a nossa língua?

O PODER DE FERIR

Atendi uma mulher, em meu consultório, pedindo socorro para seu filho, pois este era muito difícil e agressivo. Quando atendi o jovem, percebi que precisava atender toda família. Quando solicitei à mãe que **parasse de criticar tanto o filho e que passasse a fazer elogios**, ela riu e disse que seria bem difícil, pois, segundo ela, o menino não contribuía. Pedi ao filho que se esforçasse; e à mãe, que fizesse ao menos um elogio por dia. Passados 15 dias da sessão anterior, voltei a atender aquela família e já iniciei perguntando se a mãe havia feito a tarefa. Ela respondeu não ter feito nenhum elogio ao filho, pois achou desnecessário. Atendendo apenas aquela mãe, percebi que o seu coração estava tão ferido que ela havia se tornado uma mulher amarga, que somente criticava, que não sabia mais o valor de um carinho, de um abraço, de uma atenção, e, muito menos, de um elogio.

Quantas mães acham que só irão ensinar seus filhos na base da crítica ou de correções duras?

- *"Esse menino não tem jeito!"*
- *"Você vai ver quando eu morrer!"*
- *"É um preguiçoso mesmo!"*
- *"Desse jeito, homem nenhum vai te querer!"*
- *"Vai terminar sozinha, de tão chata!"*

Estava em um aeroporto aguardando para seguir para uma missão e vi uma cena que jamais esqueci: um pai xingando sem parar a criança; e ela vermelha, encolhida e chorando baixinho. Diante de todos, aquele pai e aquela mãe achavam ser essa a correção mais adequada. Eu penso: o que tem no coração desses pais? Pois as nossas palavras revelam o nosso coração.

Muitas mulheres tiveram suas esperanças destroçadas, seus sonhos desapontados e sua autoimagem em frangalhos. Em cada missão que tenho ido por este mundo, tenho a graça de ouvir histórias de muitas mulheres, contadas com lágrimas nos olhos e profundas dores na alma. Muitas sufocadas ou silenciadas por algo doloroso que alguém lhes disse; outras, "aleijadas" ou "paralisadas" em suas vidas por terem aceitado palavras duras como definições sobre suas vidas.

Palavras podem deixar feridas dolorosas que nem todos sabem superar. Vejo mulheres que foram incapazes de se envolver em um relacionamento saudável, incapazes de receber e dar amor, porque passaram a vida inteira convencidas de que não mereciam. Conheci mulheres que não conseguiram desenvolver o seu potencial ou irem atrás de seus sonhos. Embora tivessem um grande potencial, não o enxergavam, ou se recusavam a usar seus dons, porque um dia alguém as criticou severamente e as acusou de serem exibidas e "pra frente". Conheci mulheres feridas por terem sido comparadas ou chamadas de feias ou gordas; mulheres que cometeram suicídio para silenciar as terríveis vozes críticas que ecoavam em suas cabeças, enlouquecendo-as.

Com certeza, você também conhece ou conheceu mulheres assim. **Ou, talvez, seja você uma delas.** Por que, então, sabendo do poder que as palavras têm, **não**

nos tornamos mais cuidadosas com as palavras que dirigimos aos outros? Por que escolhemos causar esse tipo de dor em alguém? Sei que, muitas vezes, fazemos isso sem pensar, somos descuidadas e subestimamos o poder das palavras. Talvez falemos brincando, achando que, de tal forma, não feriria. Às vezes, falamos porque achamos que ninguém está escutando mesmo. Mas, às vezes, falamos de forma dura porque o nosso orgulho está ferido, porque nossos planos foram frustrados e nossa raiva está fora de controle. Nesta hora, minha amada, tudo o que temos em mente é a nossa dor ou a nossa raiva, não conseguimos pensar na dor de ninguém. Tudo o que sabemos é que fomos feridas, e descontamos a nossa ferida em alguém – alguém tem que pagar! O triste é que esse "alguém" pode ser um inocente que não merecia estar ali. Mas, depois que esta palavra foi lançada, ela exerce sua função e, mesmo que depois se peça perdão, o efeito dela já foi atingido.

Mulheres amargas e venenosas estão sendo canais na mão do inferno.

> *"Não há veneno pior que o das serpentes, não há cólera que vença a da mulher. É melhor viver com um leão e um dragão, que morar com uma mulher maldosa. A malícia de uma mulher transtorna-lhe as feições, obscurece-lhe o olhar como o de um urso, e dá-lhe uma tez com a aparência de saco." (Eclesiástico 25,22-24)*

O PODER DE MATAR

"Os lábios sinceros permanecem sempre constantes, a língua mentirosa dura como um abrir e fechar de olhos." (Provérbios 12,19)

Existem palavras que têm o poder de destruir e matar, palavras que deveriam morrer antes de saírem da boca de alguém. Como palavras geram vida, palavras também podem gerar morte, destruindo e devastando a vida. Madre Teresa sempre dizia que as palavras que não dão luz, aumentam a escuridão. Quantas mulheres estão emprestando seus lábios, que poderiam abençoar, para amaldiçoar, mentir, enganar, fofocar, blasfemar, resmungar e reclamar? Conhece alguma? Peço a Deus que, neste momento, te ilumine, para que, de hoje em diante, sua boca profetize bênçãos e seja muito abençoada.

Quando falamos palavras maldosas, escurecemos o nosso espírito e bloqueamos a graça de Deus em nossas vidas. O oitavo mandamento diz para não levantarmos falso testemunho contra o próximo. Quantas vezes fazemos julgamentos e conclusões a respeito de alguma pessoa sem nem saber qual é realmente a verdade? Este pecado é uma afronta a Deus, porque Ele é a Verdade. Tudo o que estiver fora da verdade não tem parte com Deus. Se não estamos com Ele, estamos com quem?

"Jesus replicou: Se Deus fosse vosso pai, vós me amaríeis, porque eu saí de Deus. É dele que eu provenho, porque não vim de mim mesmo, mas foi ele quem me enviou. Por que não compreendeis a minha linguagem? É porque não podeis ouvir a

minha palavra. Vós tendes como pai o demônio e quereis fazer os desejos de vosso pai. Ele era homicida desde o princípio e não permaneceu na verdade, porque a verdade não está nele. Quando diz a mentira, fala do que lhe é próprio, porque é mentiroso e pai da mentira." (João 8,42-44)

Sabemos que, no princípio, o pai da mentira travou um diálogo no Jardim do Éden com Eva. Ele fez uma pergunta que parecia ser inocente. A serpente lhe perguntou:

> *"'É verdade que Deus vos proibiu comer do fruto de toda árvore do jardim?' A mulher respondeu-lhe: 'Podemos comer do fruto das árvores do jardim. Mas do fruto da árvore que está no meio do jardim, Deus disse: Vós não comereis dele, nem o tocareis, para que não morrais.' 'Oh, não! – tornou a serpente – vós não morrereis! Mas Deus bem sabe que, no dia em que dele comerdes, vossos olhos se abrirão, e sereis como deuses, conhecedores do bem e do mal.' A mulher, vendo que o fruto da árvore era bom para comer, de agradável aspecto e mui apropriado para abrir a inteligência, tomou dele, comeu, e o apresentou também ao seu marido, que comeu igualmente." (Gênesis 3,1b-6)*

Mas a serpente era astuta, mais astuta do que qualquer uma das outras criaturas que Deus tinha feito. A serpente manipulou a verdade, mentiu para Eva e a mentira entrou nela. Que emaranhado tecemos quando acreditamos que uma mentira não faz mal nenhum, ou que é mais "seguro" mentir do que contar a verdade!

> *"(...) e a todos os mentirosos, a parte que lhes cabe será no lago que arde com fogo e enxofre." (Apocalipse 21,8)*

Talvez este veredito nos surpreenda. Mas, como poderia ser de outra maneira, se Satanás é o *"pai da mentira"* (cf. João 8,44)?

> *"A cidade não necessita de sol nem de lua para iluminar, porque a glória de Deus a ilumina, e a sua luz é o Cordeiro. As nações andarão à sua luz, e os reis da terra levar-lhe-ão a sua opulência. As suas portas não se fecharão diariamente, pois não haverá noite. Levar-lhe-ão a opulência e a honra das nações. Nela não entrará nada de profano nem ninguém que pratique abominações e mentiras, mas unicamente aqueles cujos nomes estão inscritos no livro da vida do Cordeiro." (Apocalipse 21,23-27)*

O grande problema das mentiras e das mentirinhas é que, quando somos pegas em uma – isso inevitavelmente vai acontecer! –, comprometemos a nossa integridade, ferimos a nossa reputação e destruímos a confiança que as pessoas têm em nós. Perceba que Jesus dá ênfase neste pecado, pois Ele pode nos levar ao reino de Satanás. Temos que lutar contra ele com determinação e não permitir que ele exista em nossa vida. É uma questão de estarmos alertas aos primeiros sinais da mentira: quando temos que manipular ou exagerar os fatos, quando evitamos expor nossas falhas e tentamos encobri-las com silêncio ou dissimulação. O encobrimento dos fatos começa quando dizemos "meias-verdades", tentando proteger nossa reputação.

Entenda, minha amada: as mentiras pertencem ao reino das trevas e, geralmente, andam de mãos dadas com a dissimulação. Geralmente, dizemos ou fazemos coisas dissimuladamente quando a nossa consciência nos diz que não deveríamos dizê-las ou fazê-las, e outras pessoas teriam razão em nos acusar. Visto que não queremos romper com nosso pecado, não gostaríamos que as pessoas descobrissem as coisas más que fizemos. Por isso, as praticamos secretamente e não queremos que sejam reveladas: não queremos ser julgadas.

Toda vez que fazemos algo em segredo, porque não queremos que vejam que estamos agindo errado, começamos a mentir. Se, então, somos apanhadas na falta, tentamos escapar por meio de outra mentira. Por essa razão, devemos ser cuidadosas em não fazer nada às escondidas. Quando somos tentadas a proceder assim, devemos perguntar imediatamente: "Por que não faço isso diante dos outros?". Provavelmente, a resposta será que há alguma coisa errada em relação àquilo.

Outros pecados que se enraízam entre nós são o julgamento, a calúnia e a fofoca. A palavra declara que os caluniadores merecem a morte (cf. Romanos 1,30-32). Satanás nos instiga a este pecado pois sabe que isso nos leva a perder a salvação, e ele está disposto a pagar qualquer preço por isso. Ele quer que eu e você nem percebamos que estamos diante de um pecado tão terrível, nos fazendo pensar que não tem nada a ver conosco. No entanto, é visível o quanto este pecado está no meio de nós, na Igreja, nas famílias…

O que muitas vezes me incomoda é o quanto isso está crescendo com tanta permissividade entre mulheres que se dizem cristãs: tantos julgamentos e críticas, mesmo sem conhecer a pessoa, sem nem averiguar a verdade e, muitas vezes, só repassando o que foi dito por alguém.

Por que não procuramos de verdade a confirmação dos fatos, sabendo que isso nos custará nossa salvação? Por que espalhar suposições? Vejo pessoas da mesma comunidade, do mesmo ministério, espalhando falsidade a respeito dos membros do seu próprio grupo, sem que o outro seja capaz de se defender ou até mesmo de saber. Dessa forma, sem nos darmos conta, os pecados da maledicência, fofoca, murmuração, julgamento, e orgulho se instalam em nosso coração.

A fofoca consiste em dois pecados: a maledicência e a difamação. O primeiro, a maledicência, consiste em revelar os pecados e defeitos de outros para ferir a sua fama. Pode até ser que o que se fala a respeito do outro não seja inventado (se assim o fosse, seria uma calúnia), mas, ainda assim, trata-se de um pecado grave. O segundo, a difamação, consiste em revelar os pecados e defeitos de outros para destruir uma amizade. Santo Tomás de Aquino ensina que a difamação é muito pior do que a maledicência, pois a amizade é um bem muito maior do que a boa fama: *"Um amigo é o mais precioso entre os bens exteriores"*. Perceba que, seja para falar, seja para calar, precisamos sempre ser conduzidas pela caridade, *"que é o vínculo da perfeição"* (Colossenses 3,14).

Baseados no orgulho, pensamos que podemos e devemos julgar tudo e que devemos assumir a posição de vigilantes. Mas estamos erradas! Não chegamos a ser vigilantes autênticos, pois nem mesmo conseguimos vigiar a verdade em nossa própria vida. Ainda assim, nos atrevemos a condenar os outros e a externar afirmações sem um exame prévio dos fatos. Se eles forem falsos, nós, que espalhamos os rumores que podem arruinar a reputação de alguém ou de um grupo inteiro, não passamos de caluniadores. Perceba que estas palavras podem matar!

O PODER DE CURAR

Muitas vezes, quando estou me preparando para pregar em um retiro para mulheres, fico contemplando cada rosto que ali chega e me questionando qual será a história que cada uma tem. Ali estão os rostos de mulheres preciosas que estão desejosas pela Palavra de Deus, desejosas de que algo aconteça em suas vidas. Quando olho para cada uma, vejo como parecem perfeitamente bem consigo, mas sei, por experiência própria, que muitas delas que ali estão passam por batalhas interiores grandiosas. Algumas podem estar num luto de alguém que muito amavam, outras tentando superar um divórcio ou suplicando para reconquistar sua família. Outras podem estar com um recente diagnóstico ruim ou já num tratamento contra o câncer. Algumas podem estar num estresse de trabalho ou financeiro, sem saber como sair do conflito. Outras podem estar lutando por um emprego. Umas podem estar pedindo a graça de engravidar, ou estar chorando por algum de seus filhos. Fico contemplando cada rostinho e pensando quantas dúvidas, medos, inseguranças e perguntas podem estar se passando dentro de cada uma. Clamo a Deus, ali, que minhas palavras sejam de cura, porque sei o poder que uma palavra tem, sei do presente e da honra que Deus me deu de estar, naquele momento, falando para elas.

Minha amada, a sua palavra pode muito mais do que apenas ferir. Na verdade, as palavras de uma mulher têm um grande poder para motivar, curar, encorajar, inspirar, consolar, fortalecer. As nossas palavras podem promover arrependimento, perdão, restauração e reconciliação. Elas ainda têm o poder de evitar um fracasso e de evitar que tragédias aconteçam. Madre Teresa nos diz que palavras bondosas podem ser curtas e fáceis de falar, mas seus ecos são verdadeiramente infinitos. Quantas vezes curamos o coração de outros por dizer que não estão sozinhos? Que existe alguém que vê, alguém que cuida, alguém que entende o que eles estão passando?

Nossas lutas podem ser ou não semelhantes, mas nós sabemos o que é sentir-se sozinha, rejeitada e traída. Sabemos como é cair e fracassar. Também sabemos onde encontrar força para voltar, para aprender a amar, confiar e tentar novamente. As nossas palavras podem guiar alguém nessa direção, pois já passamos por este caminho. Podemos rezar por esta pessoa ou, até mesmo, com esta pessoa. Como é importante saber que alguém está ouvindo! Quantas vezes não nos sentimos ouvidas? E como é forte ter alguém que simplesmente diga: "Fala, eu estou aqui para te escutar". Muitas vezes, temos pressa para tentar consertar as coisas e para tentar salvar a pessoa da sua dor. Mas, às vezes, o que ela precisa é apenas de alguém que a escute. Às vezes, a pessoa precisa apenas da sua solidariedade, da sua presença, e não da sua solução; de um ouvido para ouvir, e não mais uma lista de coisas para fazer com "novas ideias".

Quantas pessoas podem ser impactadas quando ouvirem que você nota o potencial que elas têm e que você acredita nelas? Quantas podem ser transformadas ao te escutar dizer que você tem grandes expectativas do que Deus irá realizar nelas e por meio delas? Às vezes, nossas palavras podem ser até novidades, porque elas não enxergam aquilo que estamos dizendo. Muitas vezes, a nossa "fé em uma pessoa" a motiva, inspira e impulsiona a ir adiante, até que ela se torne tudo o que foi feita para ser. Quantas pessoas já vieram me agradecer porque, em muitos momentos, seguiram adiante mais por saber que eu acreditei nelas do que por si mesmas. Podemos animar as pessoas no caminho, desafiando-as a sonhar alto, a trabalhar duro. Quando se deparam com obstáculos, perdendo o pique, podemos ser a voz que diz: "Coragem! Não desista! Você consegue! Eu sei que você consegue! Deus está com você!". Não temos noção do poder que essas palavras têm. Quantas vezes eu olho para minha história e vejo quão longe eu poderia ter ido se ouvisse mais palavras de incentivo na minha infância e adolescência. Muitas vezes, minha mãe achou que valia mais as correções do que me fazer acreditar em mim mesma. Por isso, dou muito valor a estas palavras, pois sei quanta falta elas fazem.

Outra arma poderosa é quando fazemos elogios sinceros e quando temos palavras de gratidão.

"A gratidão é o único tesouro dos humildes." (William Shakespeare)

Quando foi a última vez que deixamos as pessoas ao nosso redor saber o quanto as amamos e o quanto são importantes para nós? Quantas pessoas nem sabem o quanto foram importantes em algum momento de nossas vidas? Quantos nem sabem o grande valor que damos a eles? Sem dúvida, a maioria das pessoas é bem consciente de suas falhas e faltas. Mas, e os pontos fortes? E suas realizações, sucessos, dons e talentos? Quando nos sentimos desanimadas, desgastadas e cansadas de fazer o bem e, de repente, alguém nos elogia, agradece ou nos deixa saber que os nossos esforços não passaram despercebidos, como isso nos transforma! Sabemos o quanto isso significa para nós! Como isso alegra e ilumina o nosso dia! Não é mesmo? Precisamos ter o hábito de fazer o mesmo com os outros, separar um tempo para fazer isso todos os dias.

Estas são apenas algumas das poderosas armas disponíveis a nós na luta entre o bem e o mal que está à nossa volta. Existem muitas maneiras que nossas palavras podem ser usadas para trazer ajuda e cura. Podemos nunca saber aqui, nessa Terra, o impacto que elas tiveram na vida daqueles que já tocamos; embora, às vezes, Deus nos dê um pequeno vislumbre quando ouvimos um testemunho ou uma partilha. É um privilégio tão incrível ser voz de Deus, poder falar da vida Dele, do amor Dele, da alegria Dele e levar paz ao coração de outra pessoa. Qualquer um pode fazer isso, principalmente nós, mulheres, chamadas a ser **socorro de Deus**.

Qual decisão você toma a partir desse capítulo?

A SEXUALIDADE FEMININA – ENCONTRO E ENTREGA

(DRA. ROBERTA CASTRO)

Quero compartilhar este capítulo com a Dra. Roberta Castro, ginecologista obstetra e terapeuta de casal, além de escritora e compositora. Ela, com toda sua experiência de anos atendendo mulheres, seja como médica ou terapeuta, pode nos ajudar a aprofundar nesta realidade da sexualidade. Deixo vocês com ela!

Cada uma de nós carrega um desejo profundo e aparentemente insaciável de preenchimento. Parece que nossa alma tem uma fome constante de ser amada. E isso é verdade. Essa marca, deixada em nós pela distância do Eterno, é impossível de ser curada aqui nessa vida. Quando muito, pode ser amenizada pelas experiências do Amor verdadeiro, que vivemos em maior ou menor intensidade de acordo com as escolhas que vamos fazendo ao longo do caminho.

De maneira consciente ou não, enquanto caminhamos nessa vida, vamos utilizando dos recursos que temos para ir amenizando essa necessidade real de nos sentirmos mais realizadas e felizes. Essa busca se reflete em todas as áreas de nossa vida. Buscamos desenvolvimento profissional, reconhecimento dos outros, relacionamentos verdadeiros e seguros, entretenimentos que aliviem nossos sentimentos. Também buscamos com nossos corpos, cuidando da saúde, nos alimentando, tendo confortos que nos aliviem (banho quente, cama aconchegante, carro confortável, afetos e contatos físicos...). De maneira geral, todas as iniciativas humanas são conduzidas de forma a tentar saciar essa necessidade interior. E a sexualidade é um dos principais canais para isso! E é por essa razão que vemos um grande foco nessa área, fazendo-nos entrever o quão desequilibrada está a sociedade e a vida pessoal.

Existe um fenômeno que está acontecendo na vida das mulheres desde 1960 (criação do anticoncepcional) e 1990 (ano do lançamento da camisinha), que visa incentivar as mulheres a terem liberdade sobre suas escolhas sexuais, sem se preocuparem com as consequências. É um movimento que incentiva a buscar prazer e experiências com objetivo de se saciar, sem tanto foco no relacionamento ou no parceiro. E a propaganda é promissora: prazer como nunca, orgasmos, vida sexual agitada e com muitos parceiros, isso tudo sem preocupação com gerar filhos ou com doenças. Junto com esse processo, veio a mudança na forma como nos vestimos – cada vez mais expostas –, a cultura das novelas, filmes e séries – mostrando cada vez mais cenas de sexo e de prazer –, a explosão da pornografia *online* e da possibilidade de sexo presencial ou virtual sem absolutamente qualquer compromisso. Todo esse movimento de "libertação sexual" foi transformando a ideia de relação sexual em algo feito para saciar fisicamente, para dar prazer, exclusivamente ligado ao corpo.

E, apesar dessa imensa explosão de prazer, o que se vê são mulheres cada vez mais feridas, machucadas e desacreditadas de que podem encontrar o amor duradouro. Mesmo vivendo sensações físicas mais e mais intensas, essas mulheres se sentem mais e mais vazias. Fisicamente saciadas e emocionalmente destruídas...

A VIVÊNCIA DA SEXUALIDADE DAS MULHERES CASADAS

Para entender por que isso acontece, precisamos compreender o que é o sexo de verdade. E para isso, vamos olhar primeiramente para o nosso corpo. A nossa constituição feminina é muito diferente da masculina, e a fisiologia sexual reflete isso claramente. O homem, movido pela testosterona (responsável pela conquista, pelo vigor, pelo desejo), a mulher, pela ocitocina (hormônio do vínculo, do amor). O homem, com a glande exposta no seu órgão genital (ponto de grande concentração de receptores de prazer), e a mulher, com o clítoris bem pequeno, e ainda coberto pelo capuz, e o ponto G, escondido no fundo da parede vaginal. A mulher possui um espaço vazio, a vagina, que é preenchida pelo homem no ato sexual. E, quando tem prazer, a vulva ainda cresce para "abraçar" o pênis, acolhendo mais o homem. Ele ejacula, entregando de si para a mulher, e fecundando a sua capacidade de se reproduzir, de crescer. Ela carrega e alimenta o bebê, dividindo tudo que tem – sangue, ossos, hormônios, vida...

Nosso próprio corpo já demonstra as verdades escondidas sobre a profundidade do ato sexual, que é diferente para homens e mulheres. Cada um tem um papel, uma missão, um sentido. E se nós fugimos disso, tudo se torna somente físico e vazio, sem propósito, sem realização.

A mulher foi feita para acolher, para ser preenchida, para se doar e gerar vida. O nosso corpo nos mostra isso. O grande objetivo da relação sexual precisa ser mais do que apenas físico. Ele diz respeito a tudo que somos, corpo, alma e espírito. Quando nos unimos fisicamente a alguém, tudo que temos e somos está ali, sendo visitado, queiramos ou não!

Quando você vai para o ato com alguém que não lhe quer de verdade, que só quer usar seu corpo para obter prazer (e vice-versa), ambos estão usando um do outro como se fossem objetos, reduzindo a dignidade humana ao nível animal (dependo da situação, até menos que isso!).

PRAZER X REALIZAÇÃO

O prazer é uma reação química. Baseado nas lembranças que temos, nos traumas, nas construções da nossa memória, nosso corpo determina que algo é gostoso ou não, traz prazer ou desprazer. E ele é movido a buscar o que é prazeroso e a rejeitar o que não é. Quando algo está na primeira categoria, neurotransmissores são liberados no corpo e você sente que aquilo é "bom", e por isso, deve ser buscado mais e mais.

Porém, muitas vezes, coisas que são gostosas para o corpo são maléficas para a alma e para o espírito. É fácil percebermos isso com os alimentos. Por exemplo, você pode amar tomar sorvete com cobertura porque é muito gostoso, mas sabe que esse alimento é prejudicial, tem pouquíssimos nutrientes e muitas calorias. Por outro lado, sabemos que as verduras e legumes têm muitas vitaminas, fibras e poucas calorias, o que é bom para nós, mas o sabor, muitas vezes, não é tão apreciado.

Então, muitas vezes, apesar de algo trazer prazer intenso, ele deve ser evitado ou regulado para que não cause mal. E, por outro lado, algo pode ser menos prazeroso e ser muito melhor para a sua vida. Isso significa que não devemos guiar nossas decisões baseados somente no critério superficial de ser gostoso ou não. Devemos ter um olhar bem mais amplo, sabendo avaliar o benefício real independente do quanto prazer me dá.

Agora, sobre a realização... diversas situações em nossa vida podem nos trazer realização pessoal, que é a sensação de preenchimento, de conseguir exercer algo que vem de dentro, que nos representa de verdade. Essa realização é uma entrega interior, que se materializa nas nossas decisões e se manifesta em uma vida que é compatível com o que penso sobre mim, com minha dignidade, e, de maneira mais profunda, que expressa aquilo que Deus me fez para ser.

Porém, na maioria das vezes, a busca dessa realização exige sacrifícios, renúncias, e até dor física. Por exemplo, um lutador que quer chegar a ser faixa preta na sua modalidade, vai precisar de muitos sacrifícios. Vai treinar horas e horas por anos, vai ter uma alimentação saudável, vai ser perseverante nos treinos, vai aceitar as correções. Tudo isso é difícil, e não prazeroso. Porém, quando ele atinge o objetivo, vem o sentimento de conquista verdadeira, de crescimento, de vitória, de realização!

Quando, na vida sexual, nós visamos somente o prazer, perdemos a dimensão profunda e divina do sexo, e acabamos não experimentando a realização que ele pode trazer. Assim, não experimentamos a doação verdadeira de si, e a comunhão com o outro, que realmente lhe deseja por completo, não só no corpo.

Deus fez o sexo, Ele nos fez seres sexuados. A fisiologia sexual é algo muito lindo, que revela o quanto Deus queria que homem e mulher se completassem, que fossem um para o outro. E dentro dessa entrega, Deus arquitetou o prazer. Fomos feitos para sentir prazer físico durante a relação. Mas, esse prazer não pode roubar nosso foco, não pode se tornar o centro. Ele é somente uma consequência da doação de si, é um presente escondido, um carinho de Deus para o casal.

Por isso, marido e mulher devem buscar e viver bem uma vida sexual prazerosa, mas sempre com equilíbrio, sem permitir que em nada se perca o sentimento de entrega e sempre respeitando a dignidade do outro.

O AMOR CONJUGAL É CURA PARA O OUTRO

Dentro do sacramento do matrimônio, a mulher e o homem são chamados a serem um para o outro o complemento necessário para que ambos atinjam a maturidade e assim, a santidade. O corpo da esposa não é mais dela, mas sim do seu marido. O corpo do esposo não é mais dele, mas sim de sua esposa, nos ensina São Paulo em 1 Coríntios 7.

Então, quando você se compromete com o outro, você está prometendo diante de Deus que será a mulher que o completará, inclusive sexualmente. Sim, se você se casou, é sua obrigação viver uma vida sexual bem desenvolvida, com boa frequência, com qualidade, e assim, fazer com que seu esposo se sinta amado, desejado e saciado. Você só pode fazer isso se assumir sua vocação como mulher, como esposa. Você não pode viver sua vida sexual somente passiva e reativa ao seu esposo. É preciso que a esposa busque a cura dos seus traumas, para que consiga desabrochar na sua vivência da intimidade, para que sua entrega ao seu esposo seja curativa para ele, assim como o amor do homem pode ser curativo para a feminilidade dela.

O desejo personalizado de um homem para sua esposa é um remédio para a baixa autoestima, para os traumas sexuais passados, para o cansaço do dia a dia. Ao mesmo tempo, a entrega verdadeira, o aconchego da mulher para com seu esposo, que culmina no prazer, também o faz se sentir um homem de verdade, o cura das suas frustrações e o faz se sentir no seu lugar de refúgio nessa vida.

Quando a relação sexual é feita com dignidade, respeito, de maneira personalizada e exclusiva, ela traz cura para ambos, e culmina no prazer sexual. É uma manifestação do amor e da bondade de Deus! Por isso, o próprio Catecismo da Igreja Católica diz: "*O próprio Criador estabeleceu que nesta função os esposos sentissem prazer e satisfação no corpo e no espírito. Portanto, os esposos não fazem nada de mal em procurar este prazer e em gozá-lo. Eles aceitam o que o Criador lhes destinou. Contudo, os esposos devem manter-se nos limites de uma moderação justa*" (CIC 2362).

O ATO SEXUAL É O CENTRO DA VOCAÇÃO MATRIMONIAL

Se você se casou, ou se sente chamada ao matrimônio, precisa entender que a vida sexual é um dos pilares desse sacramento. Assim como a celebração da Santa Missa está no centro da entrega do sacerdote, assim está a relação sexual no centro da entrega e da união do casal. Se você está mal nessa área, significa que não está cumprindo a vontade de Deus mais básica para a sua vida, que é viver plenamente sua vocação.

Por isso, você não pode ser negligente! É preciso **DESENVOLVER, CURAR, PURIFICAR E PROTEGER** a sexualidade do casal! Isso não é algo fácil, e se você não se empenhar, muito provavelmente, seu casamento será destruído por essa negligência.

PARA DESENVOLVER...

Ninguém nasce sabendo como fazer sexo direito. Claro, é algo instintivo, mas é preciso construir uma sexualidade equilibrada e realizadora. Para isso, temos que conhecer o nosso próprio corpo e o do outro. Para nos conhecer, não é necessário viver a masturbação, como tantos "especialistas" dizem. Mas, sim, é preciso entender como nosso corpo funciona, como é nosso órgão genital, quais são as áreas que Deus fez em nós que são as mais sensíveis à estimulação sexual. Além disso, viver a intimidade sexual com entrega e desejo de evoluir, estando atenta às reações do nosso corpo e o do outro, para que ambos se conheçam cada vez mais. Dessa forma, o casal pode construir uma intimidade própria, personalizada, e eficaz para trazer prazer e realização a ambos. Se feito da forma correta e com amor, a qualidade sexual do casal vai melhorando com o passar dos anos.

PARA CURAR...

Precisamos entender que todos carregamos traumas sexuais, maiores ou menores. Alguns deles foram feitos por conceitos errados e limitantes que ouvimos na infância, e até mesmo, ditos por pessoas "religiosas": "sexo é pecado", "quem gosta disso é mulher da vida", "tem que fazer de qualquer jeito senão o marido vai buscar na rua", "todo homem não presta", "você não pode confiar em homem". Os traumas também podem vir de experiências sexuais forçadas (aliciamentos ou abusos), de relacionamentos passados, ou do mal exemplo de casamento dos nossos pais e familiares. Toda essa cultura sexual deturpada vai nos minando, dificultando a confiança mútua, e fazendo com que estejamos bloqueadas na busca por uma vivência sexual mais completa. Essas são algumas das principais causas de dificuldades de libido, de ter orgasmo, de gostar de sexo.

PARA PURIFICAR...

Nós estamos sendo bombardeadas por conceitos sexuais que ferem a dignidade do amor e colocam o ser humano como objeto a ser usado para obtenção de prazer! As imagens sexuais de filmes, séries e novelas nos mostram "relacionamentos" superficiais e descartáveis, mas com intenso contato físico, nos iludindo na proposta de desconectar o corpo da alma e do espírito. A pornografia, cada vez mais intensa e criativa, vai se infiltrando em celulares, computadores, e nos relacionamentos. Com a desculpa de querer "apimentar" a relação, muitos casais estão se sujeitando a roupas, acessórios, posições e atitudes que vem dessa realidade pornográfica, fazendo com que as sensações do corpo fiquem mais intensas, mas causando o distanciamento emocional do casal. É preciso purificar nosso ato, melhorando a entrega personalizada, a dedicação a conhecer o outro e as formas verdadeiras de lhe saciar, e rejeitando tudo aquilo que pode ferir a dignidade sexual. Aquilo que é externo e genérico não é fruto do amor dedicado mutuamente. Cada um é único e merece ser tratado assim, na intimidade, com exclusividade e pureza, desfrutando do prazer legítimo que Deus colocou na entrega integral.

PARA PROTEGER...

A vocação matrimonial existe para completar o outro, e se os esposos não cumprem o seu papel, é deixado um espaço vazio entre o casal. Maridos que não elogiam, não valorizam, não fazem carinho, não provêm o sustento. Mulheres que não desejam, não reconhecem as vitórias, não acolhem, não transformam a casa em um lar. Quando marido e mulher não cumprem seu papel, abrem espaço para que as tentações ganhem força. E elas podem vir de várias formas: excesso de trabalho, muitas missões na igreja, apego à família de origem ou aos filhos, traição.

Para proteger sua família, você precisa estar atenta às necessidades do seu esposo e, assim, se esforçar para supri-las, com naturalidade e amor. Você foi feita para ele! Deus lhe conhece e sabe que se você se entregar de verdade, será o suficiente para guiá-lo no caminho de maturidade e santidade. Mas só consegue ver isso quem se entrega e aceita sua vocação com sentido e visão do eterno. Jesus já nos disse: *"Pois, quem quiser salvar a sua vida, vai perdê-la; mas, quem perde a sua vida por causa de mim, vai encontrá-la"* (Mateus 16,25).

Se você se entregar de verdade, encontrando o sentido da sua vida nas coisas simples e cotidianas, oferecendo seus sacrifícios silenciosos a Deus, perdendo a própria vida aos olhos do mundo, você a encontrará! Mas, se você quiser reter a sua vida, sua razão, seu orgulho, seu egoísmo, seu prazer, então a vida perderá o sentido, e no final, tudo poderá ruir.

Deus nos fez para sermos realizadas em todos os aspectos. Dentro da sua vocação, Ele quer frutos 100 por 1. Isso significa, que em todos os aspectos, Ele quer que você amadureça, se desenvolva e, assim, seja muito feliz e realizada. Deixe que Deus cure sua história sexual, e lhe ajude a se tornar a mulher que Ele sonhou.

Se quiser fazer esse caminho, sugiro a leitura do meu livro "A verdadeira realização sexual" (Editora Cristo e Livros), onde eu faço um caminho de cura da sexualidade, através do olhar da medicina, da terapia e da vida em Deus, em busca de uma sexualidade liberta e equilibrada.

A VIVÊNCIA DA SEXUALIDADE DAS MULHERES SOLTEIRAS

Gostaria também de falar para as mulheres solteiras que vivem a luta para buscar o equilíbrio da sexualidade sem ter se casado ainda. Muitas vezes, essa fase é muito difícil, pois é envolvida por muitas dúvidas sobre o futuro, pelo medo de ficar sozinha, pela pressão social. E todas essas tensões podem acabar pressionando a mulher a buscar se envolver sexualmente com pessoas, na esperança de que isso se reverta em um relacionamento verdadeiro. Além disso, as carências familiares, traumas e a dificuldade de lidar com a solidão geram uma necessidade de afeto que impulsiona a mulher a buscar estar com alguém, mesmo sabendo, muitas vezes, que o outro só deseja um momento de prazer.

A triste realidade que vemos, atualmente, é que a imensa maioria das mulheres solteiras acabam tendo muitas experiências sexuais com pessoas que não lhe desejam de verdade, em relacionamentos frágeis, supérfluos e sem futuro. Cada vez que você se entrega para alguém dessa forma, pratica um ato de autossabotagem, onde você afirma para si mesma que não merece ser amada de verdade, e que deve aceitar qualquer coisa, pois não tem valor próprio real. A experiência física pode ser prazerosa, o momento a dois pode ser agradável e leve, mas a sensação depois é de não ter conseguido despertar o amor daquele homem, um fracasso emocional intenso. Dessa maneira, cada envolvimento acaba por gerar cicatrizes que vão minando a esperança de encontrar o amor de verdade.

É muito difícil lidar com a solidão, em especial quando há um histórico de vivência ativa da sexualidade. Por isso, é preciso encarar esse desafio com clareza e estratégia! A vida precisa ser estruturada para que os afetos estejam equilibrados, diminuindo, assim, a carência e o desejo de ter alguém a todo custo. Viver boas amizades, ter estímulos saudáveis (viagens, passeios, natureza), manter o corpo ativo (a atividade física pode aliviar as tensões acumuladas), ter uma vida de oração (em especial para confiar no cuidado de Deus que providencia todas as coisas, inclusive os relacionamentos!), uma boa realização profissional, sonhos próprios... Tudo isso é fonte de saciedade emocional e pode ajudar a diminuir as necessidades de buscar o ato sexual.

Entenda que Deus é o maior interessado em que você encontre sua vocação e seja feliz. Mas, para que Ele possa lhe enviar uma pessoa boa para se relacionar, você também precisa estar pronta!

Um pai não dá um microscópio para um filho de 2 anos. Apesar de ser um ótimo presente para um filho maior, o bebê o destruiria, por não ter maturidade de lidar com algo delicado. Hoje, se Deus colocasse um homem bom, com desejo de castidade, com objetivo de casamento na sua vida, você estaria equilibrada e pronta para viver esse relacionamento bem? Seu autodomínio sexual está pronto para isso? Sua capacidade de dominar suas emoções, para saber dialogar e conviver está fortalecida?

Antes de buscar alguém, busque encontrar a si mesma. Estar de bem com a própria vida, amando o que se faz, doando a vida em algo que você acredita, com o corpo saudável, é o que prepara o caminho para encontrar alguém também maduro e equilibrado para se iniciar um relacionamento verdadeiro.

Qual decisão você toma a partir desse capítulo?

CUIDADO COM ESTE MAL: PERFECCIONISMO X VITIMISMO

Vitimismo e perfeccionismo são grandes ciladas ao ser mulher, pois são dois pecados que ferem diretamente o poder, as capacidades e a essência feminina.

O vitimismo nos impede de amar, pois sempre achamos que precisamos receber. O perfeccionismo nos estimula a fazer para ter reconhecimento, e não como gesto gratuito. Como ser reflexo do amor de Deus se estamos presas no vitimismo e/ou perfeccionismo?

Muitas vezes, quando fazemos algo por amor, não chegamos nem a pensar se está certo ou perfeito aquilo que estamos fazendo. O amor precisa ser o motor que move nossas ações, e não a necessidade de sermos perfeitas e vistas como aquelas que não erram.

O amor é a única esperança!

Quero trazer este grande perigo que tem assolado muitas mulheres e que tem atrasado vidas. Você já sofreu ou sofre com o mal do perfeccionismo?

Muitas vezes, escuto mulheres dizendo que são perfeccionistas, como se isso fosse uma qualidade. Fazer bem as coisas e querer o melhor não é, necessariamente, perfeccionismo. O perfeccionismo não pode ser visto ou encarado como um bichinho de estimação, como um gatinho que se cria dentro de casa. Ele precisa, sim, ser visto como uma jiboia que vai se enrolando em nós até matar por asfixia.

Eu preciso te dizer que o perfeccionismo é uma das portas de entrada para atrasar sua vida e te levar a uma busca frenética de algo inalcançável. Ele é responsável por gerar um sentimento de frustração constante e, por fim, a uma negação da misericórdia de Deus, ou seja, te levar ao inferno. Já queira agora a libertação desse mal! Declare: "Senhor Jesus, abre meus olhos, neste momento, para que eu veja de forma nova e clara onde este mal está inserido em minha vida. Quero a Tua libertação! Preciso ser livre deste mal para viver as graças que o Senhor tem para mim. Eu me lavo no Sangue precioso de Jesus e desejo ser inteiramente transformada. Fala comigo, Senhor!".

A pessoa que traz esse mal tem uma tendência de achar que a vida é linear e de que tudo tem que ser perfeito, e acaba atrasando muito a sua vida, pois o perfeccionismo impede o pensamento **real**. Uma pessoa perfeccionista olha alguém na *internet* e acha que a vida dessa pessoa é perfeita, que nunca tem imprevistos, doenças, perdas ou dívidas. O perfeccionismo é um caminho de frustração, é um caminho onde a pessoa tem um olhar distorcido para si mesma. Ela se vê com muitos defeitos, mas, ao mesmo tempo, não consegue ver maldades. É uma pessoa que olha para si e não consegue imaginar que ela é capaz de cometer algo ruim e de fazer uma maldade; tem muita dificuldade de aceitar que errou e que erra, e isso se dá, na verdade, porque sempre acha que a intenção é muito boa em tudo que faz. Quando você tenta dizer para um perfeccionista que aquilo que ele fez não é bom e que a intenção não é boa, se levanta uma grande revolta, porque é como se você estivesse falando algo muito mau, muito ruim, e nele não há maldade, não há ruindade – claro, segundo o que ele mesmo pensa. No fundo, há um conflito muito grande, pois, ao mesmo tempo que ele não pode ver maldades em si, também não vê coisas boas.

O perfeccionista acha que já fez tudo o que é possível, porque, no fundo, ele acha que sabe. É uma pessoa que traz dificuldade de se expressar e de pedir ajuda, porque não acha que precisa ou nem se permite pensar que poderia ter ajuda. Não precisa perguntar, não precisa de orientação, porque se cobra de saber as respostas, ou nem pensa na pergunta a fazer. Mesmo sabendo que não somos perfeitas, é uma característica do perfeccionista se ver perfeito, gerando um sofrimento e um medo muito grandes, pois acha que, se falhar, será rejeitado ou trocado por alguém mais perfeito. Esta luta, às vezes, é tão inconsciente que não conseguimos reconhecer que queremos ser perfeitas, mas as atitudes mostram. Por isso, é um caminho de frustração, porque apesar de a pessoa tentar se mostrar perfeita, nunca consegue ser o tanto que espera de si mesma. Acaba sendo uma pessoa que está sempre em frustração consigo.

Normalmente, escuto muito as falas: "Parece que eu faço, faço, e nunca consigo. Nunca consigo agradar, nunca consigo ser o que vocês querem, nunca consigo!". É uma guerra interior com uma autocobrança violenta de ser muito melhor. Ao mesmo tempo, quando alguém sinaliza um erro, há um sofrimento muito grande, ao ponto de não suportar ouvir críticas ou exortações. Um dia, uma jovem me dizia: "Eu me cobro tanto para acertar, e parece que eu sempre erro. E quando alguém ainda vem para dizer que eu errei, eu quase surto. Não suporto!".

O grande problema é que o perfeccionismo gera várias consequências na vida da pessoa. Vou pontuar algumas:

- Gerar na pessoa uma necessidade de ter que fazer sempre mais, por trazer grandes insatisfações consigo;
- Muita dificuldade de se arrepender, trazendo sempre um forte sentimento de culpa. É característico de uma pessoa perfeccionista ficar sempre na culpa. O inferno se satisfaz vendo alguém na culpa;
- Fica remoendo o que disseram de negativo de si como num diálogo interno: "Por que eu fiz isso? Por que eu errei? Meu Deus, mas eu não fiz maldade. Mas, meu Deus, eu não fiz assim.

Mas, meu Deus, por que disseram isso de mim? Então, também é melhor que eu não fale, porque se eu falo, eu falo errado. Se eu falo aqui, eu faço errado. Então, é melhor não falar mais nada!";

- Muita dificuldade de enxergar seus pecados. Sempre enumera os mesmos pecados, sendo muito complacente consigo. Confessa, mas não muda;
- Autocondenação e dificuldade em viver a virtude da humildade;
- Dificuldade de ouvir correção, dificuldade para ser moldado;
- Faz muita força para que todos vejam o que fez de bom ou de certo; se certifica de que não está fazendo nada errado;
- Ter um quarto interno de automutilação. Ele se bate, se debate, se rebate, briga consigo mesmo, discute e briga com os outros, mas tudo acontece somente na cabeça dele;
- O medo de dar errado e de não conseguir, muitas vezes, o impede de realizar, paralisando a vida. Inconscientemente, é preferível ficar com a vida parada e morrer, do que correr o risco de não ser o que esperam que seja;
- Tem o coração endurecido, de forma a ficar muito centrada em si mesmo, gerando uma atmosfera egoísta em torno de si;

- Gera uma terrível frieza, onde se começa a competir com as pessoas que estão em volta, a focar na qualidade que as pessoas têm e comparar com as que ela não tem;
- Começa a nutrir a satisfação pela competição, chegando a um grau terrível de sentir prazer quando alguém está mal em algo;
- Alto poder de manipulação. Começa a desenvolver esta habilidade para provar às pessoas à sua volta sobre suas qualidades;
- Competição, comparação, ciúmes e inveja costumam andar junto ao perfeccionista.

O vitimismo é uma outra face do perfeccionismo. Não existe uma pessoa que tenha o perfeccionismo e que não tenha, também, o vitimismo. É fácil comprovar isso. Tente conversar com uma pessoa perfeccionista e tente mostrar que ela errou em algo. Você verá, rapidamente, a outra face aparecendo: vitimismo.

Por que é tão difícil uma pessoa sair do perfeccionismo? Porque, quando você vai conversar com a pessoa, ou tratar, cuidar, conversar, ela rapidamente vira vítima da situação. Ela troca de cadeira. O vitimismo dificulta o crescimento e a transformação de uma pessoa. Por quê? Enquanto outras estão aproveitando tudo o que acontece para o próprio crescimento e transformação, o perfeccionista está tentando convencer que o outro é que falou errado ou que não entendeu. "O outro é que devia ter vindo pedir perdão. Eu falei assim, porque o outro falou dessa forma", "Porque o outro, porque o outro, porque o outro...". É uma pessoa que sempre vai achar que o outro foi pior do que ele. Quando o perfeccionista aceita um erro, ele fica abatido, pois todos verão o erro que ele cometeu. Vai falar de uma forma terrível, horrorosa e escrupulosa sobre aquilo que fez. Chora, se martiriza e move todos a sua volta para terem pena, se tornando, assim, a vítima perfeita. É necessário ter a coragem de dizer:

- *"Eu posso errar!"*
- *"O feito é melhor do que o perfeito!"*
- *"Eu peço perdão!"*
- *"Se eu perguntei errado, eu peço perdão e pergunto certo!"*
- *"Se eu errei, como é que faz certo?"*
- *"Se eu..."*

O vitimismo é a postura de pensar ser vítima com frequência, é tirar a responsabilidade de si e transferir para outro – mesmo quando a culpa não é alheia. Quem assume essa postura, pensa com frequência que é injustiçado e só não está em uma situação melhor por causa dos outros. Normalmente, pensa que não teve a mesma "sorte" do que os outros e que, para si, as coisas foram sempre mais difíceis. É como um navio solto na tempestade, sendo empurrado pelas ondas e pelo vento, totalmente desgovernado e que nada pode fazer a respeito.

Para o vitimista, ele não é o agente das próprias ações e nem da própria vida, mas apenas vítima passiva de um universo, de um governo, de uma sociedade, de uma família, grupo ou de qualquer coisa que sempre dita as ordens ou contra ele conspira.

QUAIS SINAIS DEMONSTRAM QUE ALGUÉM É VITIMISTA?

1. A dependência excessiva dos outros;

2. A visão de que sempre é injustiçado;

3. A dificuldade de ver seu verdadeiro potencial, suas qualidades e dons;

4. A incapacidade de fazer autocrítica e, tampouco, de dar ouvidos às críticas dos outros;

5. A preguiça física, mental e emocional;

6. O hábito de atribuir sorte a todos, menos a si mesmo; gosta de falar de suas dificuldades;

7. O desinteresse por novos conhecimentos, como se tudo fosse dar muito trabalho;

8. A ausência ou dificuldades no amor-próprio;

9. A opção por viver se queixando de tudo e de todos; murmura e tem pensamentos pessimistas;

10. A propensão a ter sempre uma justificativa na ponta da língua;

11. A dificuldade inconsciente de lidar com o sucesso dos outros e com os bem-sucedidos; muitos dizem que estão felizes com os outros, mas sempre se queixam do porquê não acontece o mesmo consigo;

12. A negação das próprias competências; a autossabotagem quanto à excelência intelectual e emocional;

13. A resistência à mudança.

NOVE REMÉDIOS PRÁTICOS PARA ABANDONAR O VITIMISMO:

1. Assuma responsabilidades;

2. Entenda que todos têm problemas e passam por sofrimentos – muitas vezes, sem nada terem feito para isso –, pelo simples fato de estarem vivos;

3. Nunca se faça de vítima para fazer chantagem;

4. Tenha paciência para aguardar o tempo de colher os frutos de seus esforços;

5. Não guarde rancor;

6. Seja assertivo: fale a verdade e se permita falhar;

7. Comece ainda hoje a cultivar atitudes mais otimistas em relação à vida;

8. Controle melhor seus pensamentos destrutivos e lamuriosos;

9. Crie o saudável hábito de perdoar e buscar a cura interior.

Veja uma lista de pecados que vão andando junto ao perfeccionismo e vitimismo, para que você tome verdadeiramente a decisão de se curar deste mal:

- Orgulho;
- Competição;
- Frustração;
- Desesperança;
- Culpa;
- Autopunição;
- Egoísmo;
- Vingança.

Sabe o que me preocupa, minhas amadas? Quando os pecados do perfeccionismo e do vitimismo não são erradicados de nossas vidas, crescem e se instalam, trazendo tantos outros males para a vida espiritual. Tenho visto algumas mulheres de igreja, ao longo do tempo, ficando piores do que no início da caminhada, ficando mais egoístas e vingativas, com muitas justificativas para encobrirem o seu próprio pecado. Muitas, ao invés de estarem matando esse mal dentro de si, colocando penitências, sacrifícios, fazendo verdadeiramente um caminho de santidade, estão se tornando permissivas e valorizando o seu perfeccionismo, estão interpretando isso de um jeito leve demais. Entenda que o perfeccionismo não é um pequeno defeito ou uma característica sutil. É preciso identificar e ter a coragem de ver a gravidade e a seriedade de permanecer assim!

O perfeccionismo precisa ser tratado, pois ele não permanece na sua vida de forma estática, ele sempre irá crescer. Ele não fica parado, ele cresce e se multiplica. Pecado é como erva daninha: você não planta, mas ele cresce. Eles sempre vão crescendo, crescendo, crescendo... As virtudes são diferentes: são como roseiras que, ao plantar, exigem muito cuidado para não morrerem. Erva daninha não precisa de nada para crescer, mas as plantas necessitam ser regadas, cuidadas, adubadas e vigiadas para que nenhuma praga as mate.

QUAL É O REMÉDIO PARA O PERFECCIONISMO?

Pode ser que você se decepcione com o remédio, porque queremos algo mágico. Gostaríamos que estivesse na loja para vender e correríamos lá, agora, para comprar. Com certeza, você pagaria qualquer valor para acabar com esse mal, mas, o remédio para o perfeccionismo **é a humildade.**

1. Eu preciso fazer um caminho violento de humildade.
2. Eu preciso fazer um caminho de libertação de toda visão distorcida.
3. Eu preciso fazer um caminho de cura de verdade sobre quem eu sou.

Minha amada, em Nome de Jesus, se você está identificando isso dentro de você, você precisa entrar, agora, no ringue espiritual e aniquilar esse mal, declarando esta guerra pelo poder do Sangue de Jesus. Declare que este mal que está tentando matar sua beleza, sua essência, está com dias contados. Decida cortar este mal de sua vida!

> *"É preciso coragem para ser imperfeita. Aceitar e abraçar as nossas fraquezas e amá-las. E deixar de lado a imagem da pessoa que devia ser, para aceitar a pessoa que realmente sou." (Brené Brown)*

Qual decisão você toma a partir desse capítulo?

MULHER, SOCORRO DE DEUS

"Não é bom que o homem esteja só. Vou fazer uma auxiliar que lhe corresponda." (Gênesis 2,18)

Mulher – *Ezer*, socorro de Deus

Quando Deus olhou para tua família, para teus pais, para o momento em que eles estavam, para o que necessitavam naquela época, ele pensou em você. Você é o socorro Dele para o mundo, a começar em sua própria casa. Uma mulher, quando nasce, traz uma forte mensagem de Deus para o mundo e uma bela missão de manifestar o Seu amor a todos que se aproximarem.

Você foi criada para amar!

Sei que já falei isso em todo este livro, mas preciso repetir: todos tem a missão de amar, mas, à mulher, Deus deu uma capacidade única, um **amor materno** que traz a face de Deus. Quem é mãe vai entender esta comparação que quero fazer. O amor de uma mãe por um filho é algo sobrenatural. Ela é capaz de se doar, de sentir dor para dar vida ao filho, de ficar horas acordada para cuidar e, no outro dia, cuidar e amar com a mesma disposição. Essa forma de amar é exclusiva da mulher. Uma ternura, uma docilidade que, somente em nós, Deus colocou. Dou este exemplo apenas para dizer que a marca de amor que temos em nós é tipo um amor materno. Mas isso não quer dizer que esteja falando apenas para mulheres que já são mães, falo para todas as mulheres. Desde o momento que você nasceu, esse instinto já nasceu contigo. Com certeza, você já viu a cena de uma menina brincando com suas bonecas. Ela pega uma boneca, coloca em seus bracinhos e, balançando, diz: "Mamãe está aqui!". Desde pequena, já traz em si este instinto do amor materno.

Em um retiro para mulheres, ao dar esse exemplo, uma mulher me disse que a criança faz isso porque vê a sua mãe fazer. Mas o menino, mesmo vendo o seu pai pegando o bebê, ninando e cuidando, não brinca com seus bonecos dizendo: "Papai está aqui!". Concorda comigo? Isso é próprio de nós, mulheres. Nascemos com este amor forte, capaz de curar, transformar, acolher, proteger, impulsionar, gerar… Só o amor é capaz de gerar tanta vida. É por isso que a Cruz se tornou a PAIXÃO DE CRISTO: um ato de profundo amor, entrega e doação. Um amor que custou a vida para que nós tivéssemos vida.

Uma entrega profunda de amor, por mais que traga sacrifícios, gera vida!

Somos chamadas a um **amor doação**. Uma mulher, quando não descobre esta força do amor em si, inicia um caminho de autodestruição pelo egoísmo. Este é um caminho terrível de infelicidade e frustração. Avalie, minha amada, como está a sua capacidade de se doar. Você é um tipo de mulher que faz tudo para os outros e se esquece? Ou você é do tipo que, primeiro, pensa em você e, se der tempo, pensa no outro?

Muitas acham que o verdadeiro caminho da doação é a anulação de si. Este, também, é o caminho errado. Você não foi chamada a se esquecer pelos outros, mas, sim, a dar a sua vida pelos outros. Há uma grande diferença nestes dois caminhos. Quem se esquece para cuidar dos outros, com certeza, estará ferindo a si mesmo. O verdadeiro amor doação é aquele que sabe amar ao outro como a si mesmo.

Quando você tem um olhar equilibrado para si mesma, conseguirá cuidar do outro com o verdadeiro amor. Quem sabe cuidar de si, saberá cuidar do outro. Pense sempre neste caminho: quando você olhar para uma pessoa e ver a forma como ela se cuida, saberá o tanto que ela é capaz de te amar.

Faça uma autoavaliação:

- Você consegue respeitar seus limites? Ou sempre os ultrapassa?
- Você se preocupa com que os outros estão pensando?

- Você respeita sua necessidade de descansar, comer, rezar e ter lazer?
- Você faz atividade física?
- Você come somente aquilo que deve comer? Ou sempre ultrapassa na quantidade?
- Você consegue respeitar uma dieta ou uma restrição alimentar?
- Você consegue se dar presentes? Ou acha que não merece gastar com você?
- Você consegue perceber quando o outro precisa de algo antes mesmo que ele fale?

Existem aquelas mulheres que vão para o outro extremo: só pensam em si e, se der tempo, cuidam de alguém. Este não é o caminho do amor, mas do egocentrismo, narcisismo e idolatria. **Mulheres que se idolatram esqueceram de amar.** Muitas destas mulheres pararam na infância e ainda estão achando que estão no centro do mundo, exigindo que todos olhem para elas, e não estão vendo a necessidade de olhar para ninguém. Uma criança necessita de cuidados e atenção. Ela está numa fase "egocêntrica". Elas não devem ficar focadas nos outros, mas vão aprender a desenvolver esta habilidade conforme vão amadurecendo. Quando crescemos, passamos da fase de **receber** para a fase de **dar**. Esta transformação é extraordinária e muito necessária. Somente desta forma acontece a realização de uma mulher. É próprio da mulher olhar tudo o que está acontecendo ao redor e sempre pensar em si e naqueles que estão à sua volta. Como naquele aviso do avião para colocar as máscaras de oxigênio primeiro em si e, depois, nas crianças ou pessoas com necessidades especiais ao lado. Se o passageiro desobedecer a essa ordem e colocar a máscara primeiro nas crianças, ficará sem ar para ajudar aos demais, perdendo a chance de ajudar outras pessoas e a si mesma, deixando aquelas crianças ainda sem mãe.

Uma mulher tem uma força extraordinária para mudar, mas isso é uma verdade eficaz quando o alvo é algo que está fora de si, e é algo que muito se ama. Se você amar profundamente, você será capaz de qualquer coisa. Por isso, esta é a área mais atacada em nós. Quando uma mulher desacredita do amor, ela morre. Não estou falando de amor de marido e de mulher. Estou falando de algo ainda mais profundo: de alma. Se deixarmos que este fogo do amor se apague na alma, perdemos o sentido de viver.

Minhas amadas, se eu e você estivermos no lugar que temos que estar, posicionadas em quem nós somos, teremos uma força extraordinária. E sabe como esta força é ativada em você? Pelo amor. O amor da mulher é mais forte do que a morte.

Amada, eu te faço uma pergunta hoje: o que é que, na tua vida, você faz com paixão e com amor? O que é que põe fogo e inflama teu coração? O mundo precisa de mulheres posicionadas, de mulheres de fogo. O mundo precisa de mulheres que trazem em si essa força e compreendam o seu grande potencial de transformação.

CONCLUSÃO: DEUS TE FEZ PARA SER VITORIOSA!

Quero terminar este livro com a história de uma mulher chamada Gianna Jessen. Em 2008, ela deu um depoimento no Legislativo do estado de Victoria, na Austrália, onde gravaram um vídeo que acabou sendo traduzido para diversas línguas, visto por milhões de pessoas e que ajudou a transformar Gianna em um dos rostos mais conhecidos do ativismo pró-vida. Sempre que participa de eventos públicos, ela costuma dizer: *"Eu deveria estar cega, eu deveria estar queimada, eu deveria estar morta. Mas não estou!"*.

Ao ler este depoimento dado por ela, perceba como esta mulher fez de sua história uma transformação.

Ninguém nasce sem propósito!

"Eu sou adotada. Minha mãe biológica tinha 17 anos, assim como meu pai biológico. Ela tinha sete meses e meio de gravidez quando decidiu ir para a Planned Parenthood, que é a maior rede de clínicas de aborto do mundo, e eles a aconselharam a ter um aborto de final de gestação através do envenenamento salino, que é uma solução salina injetada no útero da mãe. O bebê engole essa solução, queima o bebê por dentro e por fora, e ela faz expelir o bebê dentro de 24 horas. E para a grande e chocante surpresa de todos, eu não saí morta, mas viva, dia 6 de abril de 1977, em uma clínica de aborto em Los Angeles. O que é fantástico nisso, sobre a hora perfeita da minha chegada, é que o abortista ainda não estava no trabalho, então ele sequer teve a oportunidade de continuar com o seu plano para a minha vida, que era a morte. E eu sei que estou em um prédio público, por sinal muito bonito [...]. Mas eu sei que na era em que vivemos não é, de modo algum, politicamente correto dizer o nome de Jesus Cristo em lugares como este, trazê-lO para esses tipos de reuniões, porque Seu nome pode fazer as pessoas se sentirem terrivelmente desconfortáveis. Mas eu não sobrevivi para fazer todo mundo se sentir confortável. Eu sobrevivi para mexer um pouco com as coisas, e eu gosto muito de fazer isso.

Então, eu nasci viva, como eu já disse, depois de 18 horas. Eu deveria estar cega, eu deveria estar queimada, eu deveria estar morta. Mas eu não estou!

Sabem qual foi o fantástico reconhecimento disso? É o fato de que o abortista teve que assinar minha certidão de nascimento. Então eu sei quem ele é. E nos meus registros médicos também diz, para qualquer cético ver: "Nascida durante aborto por envenenamento salino". Ha! Eles não venceram! Eu fiz algumas pesquisas sobre o homem que realizou o aborto em mim, e suas clínicas formam a maior rede de clínicas nos Estados Unidos. Eles faturam 70 milhões de dólares por ano. Eu li uma frase dele há alguns anos em que ele dizia: "Eu abortei cerca de um milhão de bebês e considero isso minha paixão". Eu digo essas coisas porque, ouçam, senhoras e senhores, estamos em uma guerra interessante, quer percebamos ou não, neste mundo é uma batalha entre a vida e a morte. De que lado vocês estão?

Então, uma enfermeira chamou uma ambulância e me transferiu para um hospital, o que é absolutamente miraculoso.

Geralmente, a prática naquela época, até 2002, em meu país, era terminar com a vida de um sobrevivente do aborto por estrangulação, sufocamento, deixando o bebê morrer ou jogando o bebê fora. Mas, no dia 5 de agosto de 2002, meu extraordinário presidente Bush assinou a lei, o Ato de Proteção da Criança Nascida Viva, para que isso não ocorresse mais. Vocês veem? Estamos falando de coisas sérias. Eu quero dizer: estou esperando ser odiada até a hora da minha morte, para que eu possa sentir Deus e entender o que foi ser odiado. Ele foi odiado, Cristo foi odiado! E não é que eu queira ser odiada, mas eu sei da minha jornada, eu sei que já sou odiada, porque eu declaro a vida. Eu digo: vocês não me pegaram, o holocausto silencioso não venceu sobre mim. E minha missão, senhoras e senhores, entre muitas coisas, é essa: infundir a humanidade em um debate que simplesmente fragmentamos e colocamos de lado, e dizemos que é só um "assunto". Nós tiramos nossas emoções, nos tornamos "duros". Vocês realmente querem isso? O quanto vocês estão dispostos a lutar e o quanto estão dispostos a arriscar para falar a verdade no amor, e cordialmente, e ficar de pé, e ao menos estar disposto a ser odiado? Ou será que no final do dia tudo diz respeito só a você? Ou a "mim"?

E então, depois disso, eu fui colocada em uma creche para adoção de emergência, onde eles decidiram que não gostavam muito de mim, e como digo, carinhosamente, eu não sei como vocês podiam não me adorar desde o começo. O que tinha de errado com essas pessoas? Mas eles não gostavam de mim. Vocês veem como eu fui odiada desde a concepção por tantos, e amada por muitos mais, mas especialmente por Deus. Eu sou a menina Dele. Você não brinca com a menina de Deus. Eu tenho um aviso na minha testa que diz: "É melhor você ser legal comigo, porque meu Pai governa o mundo".

Então, depois de eu ter sido colocada na casa provisória, eu fui tirada de lá e colocada em outra casa, uma linda casa, a casa de Penny. Ela disse que nessa época eu tinha 17 meses, pesava 14 kg e diagnosticada com o que eu considero ser o dom da paralisia cerebral, que foi causada diretamente pela falta de oxigênio no meu cérebro quando eu estava tentando sobreviver. Agora, eu me sinto simplesmente compelida a dizer isso: se o aborto diz respeito somente aos direitos da mulher, senhoras e senhores, então quais são os meus direitos? Não tinham nenhuma feminista radical gritando e reclamando meus direitos violados naquele dia. Na verdade, minha vida estava sendo exterminada em nome dos direitos das mulheres. E, senhoras e senhores, eu não teria paralisia cerebral se não tivesse sobrevivido a tudo isso. Então quando eu ouço o argumento horroroso e nojento de que temos que abortar só porque há a possibilidade da criança nascer com deficiência, o horror toma conta do meu coração. Senhoras e senhores, há coisas que vocês só vão poder aprender com os mais fracos entre nós. E quando vocês os matam, são vocês que perdem. O Senhor olha para eles, mas serão vocês que sofrerão para sempre. E que arrogância! Que arrogância absoluta! E tem um argumento por tanto tempo nesse lugar humano que vivemos que o mais forte deve dominar o mais fraco, deve determinar quem vive ou morre. Vocês não percebem que não podem fazer o próprio coração bater? Vocês não percebem que todo o poder que pensam possuir, na verdade, não possuem nenhum. É a misericórdia de Deus que os mantém, mesmo quando vocês O odeiam…

Então eles olharam para minha querida Penny e disseram: "Giana nunca vai ser alguma coisa". O que é sempre encorajador. E ela decidiu ignorá-los e trabalhou comigo três vezes por dia, e comecei a levantar minha cabeça. Eles disseram: "Giana nunca vai ser isso e nunca vai ser aquilo…".

Encurtando a história, eu estava andando por volta de três anos e meio, com ajuda de um andador e suporte para as pernas, e eu estou de pé aqui hoje apenas mancando um pouco e sem um andador. Sinto-me graciosa, às vezes, e muito feia outras vezes, dependendo da situação, mas eu vivo tudo pela glória de Deus. Vejam, senhoras e senhores, eu sou mais fraca do que a maioria de vocês, mas este é o meu sermão. E que preço pequeno de pagar para poder brilhar para o mundo, como eu faço, e oferecer esperança. E eu acho que na nossa falta de compreensão do jeito como as coisas funcionam, não compreendemos o quanto o sofrimento pode ser belo. Não estou pedindo por ele voluntariamente, mas, quando ele vem, esquecemos que Deus está no controle e que Ele tem o poder de tornar belas as coisas mais miseráveis.

Eu conheci minha mãe biológica e a perdoei. Eu sou cristã. Ela é uma mulher com o coração muito quebrado. Ela veio a um evento que eu estava há dois anos, apareceu e disse: "Olá! Eu sou sua mãe". Foi um dia muito difícil, mas, ainda assim, enquanto eu estava suportando tudo aquilo, sentada lá, estava pensando: "Eu não pertenço a você. Eu pertenço a Cristo. Eu sou a garota Dele e eu sou uma princesa. Então, não importa o que você diga, com toda a sua raiva, frustração e visão distorcida". Eu estava dizendo tudo isso por dentro.

Então, senhoras e senhores, vocês têm uma oportunidade. Mas, por um momento, eu gostaria de falar diretamente aos homens nesta sala e fazer algo que nunca é feito: Homens, vocês são feitos para a grandeza, para erguerem-se e serem homens. Vocês são feitos para defender as mulheres e as crianças. Parem de ficar passivos e virarem a cabeça quando sabem que o assassinato está acontecendo e não fazem nada com relação a isso. Vocês não são feitos para usar mulheres e nos deixar sozinhas. Vocês são feitos para serem gentis e grandes, atenciosos, fortes, e para lutarem por algo. Porque, homens, escutem-me, eu estou muito cansada para fazer o seu trabalho.

Mulheres, vocês não são feitas para o abuso, para sentar e não saber seu valor. Vocês são feitas para que se lute por vocês para sempre.

Então, agora sabendo de suas importâncias, que tipo de pessoas vocês serão? Eu acredito no extraordinário. Eu acredito que vocês, homens, se erguerão nessa ocasião para os políticos que estão ouvindo, particularmente para os homens. Eu diria isso: vocês são feitos para a grandeza, tal como os políticos por aí. Vocês são feitos para defender o que é certo e bom. Essa jovem garota ergue-se aqui e diz: agora é o seu momento. Qual tipo de homem vocês querem ser? Um homem obcecado com sua própria glória ou um homem obcecado com a glória de Deus? É hora de tomar uma posição, Victoria. Este é o seu horário. Deus vai lhes escutar. Deus estará com vocês. Você tem a oportunidade de glorificar e honrar Deus em 2008.

Eu vou só terminar com o seguinte: alguns de vocês podem estar um pouco irritados, porque tudo o que eu falo é sobre Deus e Jesus. Mas como eu posso ficar andando e mancando nesse mundo e não dar todo o meu coração, mente, alma e força para o Cristo que me deu vida? Então, se vocês pensam que eu sou uma tola, é apenas mais uma joia na minha coroa. Toda minha intenção em viver aqui é fazer Deus sorrir. Espero que algo disso tenha feito sentido. Simplesmente veio do meu coração. Deus abençoe e mantenha-vos." (Gianna Jessen)

Quero que entenda a história desta mulher. O registro médico do nascimento de Gianna Jessen é diferente do da maioria das crianças. *"Nascida durante aborto salino"*, diz o documento, com data de 6 de abril de 1977. Ela pesava 1,1 kg e estava com sete meses e meio de gestação. Se dependesse da mãe e do médico responsável pelo procedimento, Gianna não teria sobrevivido àquele dia.

O parto, em uma clínica da organização abortista *Planned Parenthood*, em Los Angeles, foi um acidente. Mesmo depois de 18 horas exposta a uma substância salina injetada para fazer seu coração parar de bater, Gianna resistiu e nasceu viva. O médico se atrasou e não chegou ao local a tempo de ordenar que o protocolo da época fosse seguido. O protocolo era deixar que Gianna morresse. A enfermeira resolveu acionar uma ambulância – e Gianna sobreviveu.

A falta de oxigenação no cérebro deixou sequelas. A principal delas: a paralisia cerebral que a deixou com limitação no movimento das pernas. Mas isso não impediu que Gianna Jessen se transformasse em uma mulher que luta pela vida. Ainda em 1992, aos 15 anos de idade, ela apareceu em um programa de uma emissora local, em Milwaukee, e contou sua história. *"Eu não tenho raiva da minha mãe biológica, eu a perdoei totalmente pelo que ela fez, e eu só agradeço a Deus por estar viva"*, ela disse.

Os pais biológicos de Gianna tinham 17 anos de idade quando ela nasceu. Depois de sobreviver ao aborto, ela foi colocada para adoção. Mas o sofrimento dela ainda não tinha acabado: em seu primeiro lar temporário, Gianna foi maltratada pela família que deveria cuidar dela. Mas, quando foi removida para outra casa, ela encontrou aqueles que se tornariam seus pais adotivos. Aos 12 anos, no dia de Natal, Gianna descobriu que havia sobrevivido a um aborto. Ela perguntou o motivo da deficiência nas pernas. A mãe adotiva contou a verdade. *"Bom, pelo menos eu tenho paralisia cerebral por um motivo interessante"*, ela respondeu.

Foi só em 2006 que a mãe biológica reestabeleceu contato. Ela apareceu, sem avisar, em uma das palestras de Gianna e a procurou: *"Olá, eu sou a sua mãe"*. A conversa não transcorreu como Gianna esperava: a mãe não demonstrou arrependimento. Mas ela, que é cristã, diz que a rejeição já não a incomodava como antes. *"Foi um dia muito difícil, e ainda enquanto eu estava enfrentando tudo aquilo, eu estava pensando: 'Eu não pertenço a você. Eu pertenço à Cristo.'"*

Apesar de ser direta em seus apelos contra o aborto, Gianna não soa agressiva. Com um tom de voz gentil, ela costuma sorrir ao final de cada frase e não tem problemas em fazer piada com a própria limitação física. A história de Gianna Jessen foi importante para que, em 2002, o então presidente George W. Bush assinasse uma lei que requer cuidados médicos a bebês nascidos vivos durante procedimentos de aborto. Até então, algumas dessas crianças eram deixadas para morrer ou, até mesmo, mortas por outros meios.

Quando conheci a história de Gianna, mexeu muito comigo, pois pensei em tantas mulheres que não sofreram a metade do que essa mulher sofreu, mas estão vivendo como vítimas de suas histórias.

Entenda, minha amada: há uma grande força de vida em você. Tudo o que você passou e viveu precisa se tornar um impulso para você ser quem deve ser. O que você passou precisa se tornar força e cura para tantos. A missão de vida de Gianna era clara para ela. Ela entendeu que estava viva para trazer um anúncio que não seria apagado por ninguém. Mesmo sendo odiada por todos que são a favor do aborto, ela entendeu que sua história não era só dela. Ela tem um propósito, ela tem uma missão. Deus fez dela uma vitoriosa!

Ao olhar para a sua história, você decide transformá-la numa história de vitória ou de fracasso? Ao olhar para o seu passado, você enxerga a poderosa mão de Deus? Você consegue perceber que você só nasceu porque tem um propósito? Você pode deixar brilhar a poderosa luz de Deus que está em você e decidir, a partir deste livro e deste encontro com Deus, fazer uma escolha diferente. Tome a decisão de ler a sua história como uma vitoriosa. Decida olhar para si como alguém que tem muito a impactar o mundo e pare de ter pena de si, como se não tivesse nada de muito interessante em sua vida. Quem faz a diferença é você! Você nasceu para uma missão. Decida-se! Você pode vencer esta batalha e declarar a sua vitória. Quero encontrar você nos palcos, nos encontros, nos retiros da vida e ouvir que você decidiu VENCER!

Que Deus te abençoe. E até breve!

ANEXO: ARMAS ESPIRITUAIS

Muitas vezes recebo mulheres me questionando: "Por que parece que sempre perco a batalha?". Muitas vezes perdemos a batalha por estarmos com as armas erradas ou por não estarmos portando armas. Sim, minha amada, há uma batalha e, para vencer, você precisa estar armada. A grande questão é que as armas com que lutamos não são carnais, mas espirituais.

"Porque, ainda que vivamos na carne, não militamos segundo a carne. Não são carnais as armas com que lutamos. São poderosas, em Deus, capazes de arrasar fortificações." (2 Coríntios 10,3-4)

SANTO TERÇO

A primeira arma que quero te apresentar é o **Santo Terço Mariano.**

> *"O Santo Rosário é a arma daqueles que querem vencer todas as batalhas." (São Pio de Pietrelcina)*

Tenha como grande amiga aquela que, por excelência, esmagou a cabeça da serpente. Maria precisa estar contigo, minha amada, para te auxiliar em suas batalhas.

> *"Não há meio mais seguro para vencer os ataques do inferno do que recorrer a Maria Santíssima." (Santo Alberto Magno)*

> *"Um sustentáculo grande para vós, uma arma poderosa contra as insídias do demônio, tendes na devoção a Maria Santíssima." (São João Bosco)*

> *"Um dos principais remédios contra o demônio é recorrer a Virgem Maria." (São João d'Ávila)*

Os santos nos mostram que esta é uma arma poderosa e que enfurece o inferno. Como já dissemos nos capítulos anteriores, *"A Imaculada é o esplendor do amor divino nas nossas almas e a forma de nos aproximarmos do coração de Jesus"* (São Maximiliano Maria Kolbe).

Todas as vezes que suplico à Mãe, Ela me aproxima de Deus, afasta as tentações e derrama sobre mim graças especiais. Maria nos ensina a ter novas virtudes. Nunca me esqueci de um retiro que fiz onde o pregador dizia que pedia à Nossa Senhora para que Ela falasse o que ele errou no dia, pois Ela falava com muito amor. Ele ensinou que toda noite, quando rezava a Salve Rainha, parava nesta parte: *"Eia, pois, Advogada nossa, esses Vossos olhos misericordiosos a nós volvei; e depois deste desterro mostrai-nos Jesus, bendito Fruto do Vosso ventre..."*. Depois dos nossos desterros, Ela tem um jeito próprio de nos mostrar Jesus, como nos diz Padre Pio: *"Que Maria Santíssima sempre enfeite sua alma com as flores e o perfume de novas virtudes e coloque a mão materna sobre sua cabeça. Fique sempre e cada vez mais perto de nossa Mãe celeste, pois ela é o mar que deve ser atravessado para se atingir as praias do esplendor eterno no reino do amanhecer. Descansa o teu ouvido no seu coração materno e escuta as suas sugestões, e assim sentirás nascer em ti os melhores desejos de perfeição."*

> *"Se Ela te sustenta, não cairás; se Ela te protege, nada terás a temer; se Ela te conduz, não te cansarás, se Ela te é favorável, alcançarás o fim". (São Bernardo)*

Declara comigo: "Maria, passa na frente e esmaga a cabeça da serpente!"

SANGUE DE JESUS

Estamos no tempo do Sangue de Jesus – eis uma arma poderosíssima diante de nós. Não há quem clame por este Preciosíssimo Sangue e permaneça sem resposta. Não há quem clame e permaneça do mesmo jeito. Todos aqueles que O clamam, experimentam graças de ressurreição.

O Sangue de Cristo é a nossa força mais forte. Ele age incessantemente até que alcance a vitória que necessitamos. Sei que já sabem, mas o Sangue de Jesus mudou a minha vida. Posso dizer que eu não estaria aqui se eu não tivesse sido salva por este Sangue. Você pode conferir o meu testemunho de milagre pelo Sangue de Jesus através dos livros "O poder do Sangue de Jesus" (Editora Angelus) e os "12 segredos e promessas do Sangue de Jesus" (Edições Água Viva).

São inúmeras as graças que o Sangue de Cristo realiza constantemente em nós. Podemos contemplá-las ao meditarmos os 12 segredos deste Sangue poderoso:

1. O Sangue de Jesus nos dá acesso às graças celestiais;

2. O Sangue de Jesus abre o céu para nós;

3. Nos liberta dos erros e vícios;

4. É fonte de reconciliação;

5. Aplaca a ira do inferno;

6. O Sangue de Jesus nos reveste;
7. O Sangue de Jesus faz o nosso coração arder;
8. Restaura a luz dos filhos de Deus;
9. Abre os nossos olhos para o sobrenatural;
10. Preenche nossa mente com visões celestiais;
11. É quem nos faz perseverar;
12. Combate todo o mal em detalhes.

Além de tocarmos nesta poderosa ação do Sangue de Jesus em nós, podemos, ainda, tocar nas promessas que existem para aqueles que forem devotos desta devoção. O Senhor prometeu:

1. Eu prometo proteger dos ataques do maligno, quem devotamente rezar ao meu Precioso Sangue;
2. Preservarei os seus 5 sentidos;
3. Protegê-lo-ei de uma morte súbita;
4. Doze horas antes da sua morte, beberá o meu sangue precioso e comerá o meu corpo;
5. Vinte e quatro horas antes da sua morte, mostrar-lhe-ei as minhas cinco Chagas, para que sinta um profundo arrependimento de todos os seus pecados, e tenha um perfeito conhecimento deles;
6. Obterá o que pedir. A sua oração será atendida;

7. Eu realizarei muitos milagres através desta devoção;

8. Através desta devoção e de minha infinita misericórdia, libertarei muitas almas;

9. Através desta devoção, salvarei muitas almas do purgatório;

10. Mostrar-lhe-ei o meu caminho a quem honre o meu Precioso Sangue;

11. Terei misericórdia de quem tem misericórdia das minhas Santas Chagas e Sangue Precioso;

12. Quem ensinar esta devoção a outra pessoa, ganhará indulgência.

Diante destas promessas e destes segredos, podemos entender o grande poder que há no clamor ao Sangue de Jesus.

AÇÃO DOS SANTOS ANJOS

Outra arma muito poderosa é o clamor aos Santos Anjos. O Senhor deu uma ordem aos seus Anjos para que em todos os caminhos te guardarem. Creia!

"Nenhum mal te atingirá, nenhum flagelo chegará à tua tenda, porque aos seus anjos ele mandou que te guardem em todos os teus caminhos. Eles te sustentarão em suas

mãos, para que não tropeces em alguma pedra." (Salmo 90,10-12)

Clamar os Santos Anjos é recrutar ajuda do céu. Muitos de nós não sabemos que a ação dos Anjos depende de nossa abertura e do nosso clamor. Precisamos recorrer a eles para que tenham total ação em nossa vida.

Faça este clamor aos Santos Anjos agora mesmo:

Senhor, tende piedade de nós.
Cristo, tende piedade de nós.
Senhor, tende piedade de nós.

Jesus Cristo, ouvi-nos.
Jesus Cristo, atendei-nos.

Deus Pai dos céus, tende piedade de nós.
Deus Filho, Redentor do mundo, tende piedade de nós.
Deus Espírito Santo, tende piedade de nós.
Santíssima Trindade, que sois um só Deus, tende piedade de nós.

Santa Maria, rogai por nós.
Santa Mãe de Deus, rogai por nós.
Santa Virgem das virgens, rogai por nós.

São Miguel, que sempre fostes o defensor do povo de Deus, rogai por nós.
São Miguel, que precipitastes do céu a Lúcifer com seus cúmplices rebeldes, rogai por nós.
São Miguel, que lançastes no fundo do inferno o acusador de nossos irmãos, rogai por nós.

São Gabriel, que manifestastes a Daniel a visão divina, rogai por nós.
São Gabriel, que prenunciastes o nascimento e o ministério de João Batista, rogai por nós.
São Gabriel, que fostes o mensageiro da Encarnação do Verbo divino, rogai por nós.

São Rafael, que levastes e trouxestes Tobias a salvo, rogai por nós.
São Rafael, que expulsastes o demônio de Sara, rogai por nós.
São Rafael, que devolvestes a vista a Tobit, rogai por nós.

Santos anjos, rogai por nós.
Que estais sobre o sólio excelso e elevado de Deus, rogai por nós.
Que cantais continuamente a Deus Santo, Santo, Santo, rogai por nós.
Que dissipadas as trevas, iluminais nossa mente, rogai por nós.
Que anunciais aos homens as coisas divinas, rogai por nós.
Que recebestes de Deus a guarda dos homens, rogai por nós.
Que sempre contemplais a face do Pai que está nos céus, rogai por nós.
Que vos alegrais com a penitência de um só pecador, rogai por nós.
Que fustigastes os sodomitas com a cegueira, rogai por nós.
Que tirastes a Ló do meio dos pecadores, rogai por nós.
Que subis e desceis pela escada de Jacó, rogai por nós.

Que no monte Sinai entregastes a Moisés a lei divina, rogai por nós.
Que, no nascimento de Cristo, anunciastes a alegria aos homens, rogai por nós.
Que servistes a Cristo no deserto, rogai por nós.
Que levastes Lázaro até o seio de Abraão, rogai por nós.
Ques vos sentastes com vestes brancas junto ao sepulcro de Cristo, rogai por nós.
Que, na Ascensão de Cristo ao céu, aparecestes aos seus discípulos, rogai por nós.
Que haveis de preceder a Cristo, quando vier julgar com o sinal da cruz, rogai por nós.
Que haveis de reunir os eleitos no fim dos tempos, rogai por nós.
Que haveis de separar os maus do meio dos justos, rogai por nós.
Que apresentais a Deus as preces dos que oram, rogai por nós.
Que assistis os moribundos, rogai por nós.
Que conduzis ao céu as almas dos justos purificadas de toda mancha, rogai por nós.
Que pela virtude de Deus realizais prodígios e milagres, rogai por nós.
Que sois enviados em ministério aos herdeiros da salvação, rogai por nós.
Que cuidais até da Babilônia, mas deixais, indo embora, quem não quer vosso cuidado, rogai por nós.
Que fostes constituídos sobre os reinos e as províncias, rogai por nós.
Que desbaratais, muitas vezes, os exércitos inimigos, rogai por nós.
Que libertais, muitas vezes, os servos de Deus dos cárceres e outros perigos de vida, rogai por nós.

Que viestes, muitas vezes, consolar os mártires em seus tormentos, rogai por nós.
Que costumais guardar com peculiar cuidado os prelados da Igreja, os príncipes e seus curadores, rogai por nós.
Todas as santas ordens dos espíritos bem-aventurados, rogai por nós.

De todos os perigos, por vossos santos anjos, livrai-nos, Senhor.
Das insídias do diabo, livrai-nos, Senhor.
De toda heresia e cisma, livrai-nos, Senhor.
Da peste, da fome e da guerra, livrai-nos, Senhor.
Da morte súbita e desprevenida, livrai-nos, Senhor.
Da morte eterna, livrai-nos, Senhor.

Pecadores que somos, nós vos rogamos: ouvi-nos.
Por vossos santos anjos, nós vos rogamos: ouvi-nos.
Para que nos perdoeis, nós vos rogamos: ouvi-nos.
Para que nos favoreçais, nós vos rogamos: ouvi-nos.
Para que vos digneis governar e conservar vossa santa Igreja, nós vos rogamos: ouvi-nos.
Para que vos digneis proteger o Sumo Pontífice e todas as ordens eclesiásticas, nós vos rogamos: ouvi-nos.
Para que vos digneis conceder aos reis e príncipes cristãos a paz e a verdadeira concórdia, nós vos rogamos: ouvi-nos.
Para que vos digneis dar e conservar os frutos da terra, nós vos rogamos: ouvi-nos.
Para que vos digneis dar a todos os fiéis defuntos o descanso eterno, nós vos rogamos: ouvi-nos.

Cordeiro de Deus, que tirais o pecado do mundo, perdoai-nos, Senhor.
Cordeiro de Deus, que tirais o pecado do mundo, ouvi-nos, Senhor.
Cordeiro de Deus que tirais o pecado do mundo, tende piedade de nós.

Senhor, tende piedade de nós.
Cristo, tende piedade de nós.
Senhor, tende piedade de nós.

Pai-Nosso...
Ave-Maria...
Glória ao Pai... (em silêncio)

Bendizei o Senhor, todos os seus anjos.
R: Poderosos em força, executores de suas ordens, prontos para obedecer à Sua palavra.

Bendizei ao Senhor, todos os seus exércitos
R: E ministros, que fazeis a Sua vontade.

Mandou aos seus anjos em teu favor,
R: Para que te guardem em todos os teus caminhos.

O anjo do Senhor assenta seus arraiais em volta dos que o temem,
R: E os há de libertar.

Em presença dos anjos vos cantarei salmos,
R: Prostrar-me-ei no Vosso Santo templo e glorificarei o Vosso nome, Senhor.

Senhor, ouvi a minha oração.
R: E chegue até Vós o meu clamor.

Oremos: Deus, que com ordem admirável distribuís os ministérios dos anjos e dos homens: concedei, propício, que a nossa vida seja protegida pelos ministros que vos contemplam sempre no céu. Por Nosso Senhor Jesus Cristo, vosso Filho, que convosco vive e reina e é Deus pelos séculos dos séculos. Amém.

SACRAMENTOS E SACRAMENTAIS

Os sacramentos e sacramentais são outras armas poderosíssimas que temos diante de nós. Quero te explicar sobre eles!

Os sacramentos foram instituídos por Jesus e os sacramentais, pela Igreja; estes são inúmeros, enquanto aqueles totalizam sete. Os sacramentos concedem a graça santificante e operam pelo fato de serem celebrados; os sacramentais concedem as graças atuais e operam pela fé.

O Sinal da Cruz, que eu costumo chamar de Sinal da Vitória, é o sacramental mais conhecido. Nele estão as três verdades fundamentais de nossa fé: a Santíssima Trindade, o Mistério da Encarnação e a nossa pertença a Cristo que nos salvou pela Cruz. Este é o sinal que nos conecta profundamente com Deus. Com ele iniciamos todas as nossas orações, e precisamos fazê-lo com devoção e respeito, sem deixar que o automático roube a real força de vida e amor que existe neste sinal.

O crucifixo é outro sacramental poderoso e muito encontrado em nossas casas, trabalhos e outros ambientes. É o sacramental que nos lembra do amor que foi até às últimas consequências para nos resgatar das nossas mazelas. É uma das armas principais contra nossos inimigos espirituais: ele atesta a derrota de Satanás e é sinal de tudo aquilo que ele despreza. O inimigo foge do crucifixo, pois sabe que este é o sinal da sua derrota e da nossa vitória.

Um cristão, diante de um crucifixo, encontra confiança no amor e o exemplo do caminho que ele é chamado a seguir, imitando a Cristo e vencendo as ações malignas pelo poder da oração, do sacrifício e, sobretudo, da humildade. Todo aquele que for capaz de reconhecer o poder da Cruz e, que ela contém toda a nossa força, será feliz, pois nenhum mal roubará a salvação operada na Cruz.

A medalha ou cruz de São Bento é, também, um sinal sacramental e contém uma poderosa e conhecida oração de exorcismo: *"A cruz sagrada seja a minha luz. Não seja o dragão o meu guia. Retira-te, Satanás. Nunca me aconselhes coisas vãs. É mau o que tu me ofereces. Bebe tu mesmo o teu veneno"*.

Os sacramentais, assim como os sacramentos, realizam o que significam. Ou seja: eles trazem um significado simbólico, uma força, um sentido, uma graça. A água, o sal e o óleo são os sinais sacramentais que, geralmente, são utilizados nas orações de cura e libertação e no exorcismo. A seguir, quero te explicar um pouco sobre cada um desses sacramentais.

A água está ligada ao Sacramento do Batismo, o fundamento de toda vida cristã. A água é sinal de vida: onde há água, há vida. Ela lava e purifica, e, sem ela, morremos. Pela água do Batismo, somos lavados, purificados e renascemos pela água e pelo Espírito: a água benta é sinal do Batismo, sinal de purificação e de renascimento espiritual. Ela tem poder de repelir os demônios, afastar as doenças, purificar os ambientes e proteger os fiéis.

No ritual dos exorcismos (41-42), encontramos duas orações de bênção da água, que são feitas apenas pelos sacerdotes. A primeira, diz assim:

> *"Infundi sobre este elemento natural, a água, o poder da Vossa bênção, para que esta Vossa criatura receba a eficácia da graça divina, para repelir os demônios e afastar as doenças. Que os lugares onde for aspergida sejam livres de toda a adversidade e das ciladas do inimigo, e os vossos fiéis sejam protegidos de todos os perigos".*

A segunda oração clama ao Senhor que a aspersão daquela água nos traga os três grandes benefícios: o perdão dos pecados, a proteção divina sobre todos os males e a defesa contra as ciladas do maligno. Santa Teresa D'Ávila, no Livro da Vida, nos conta:

> *"Grande deve ser a virtude da água benta; para mim, é particular e muito notória a consolação que experimenta a minha alma quando a tomo. É muito comum sentir um recreio espiritual que não saberia exprimir; é como que um deleite interior que me conforta toda a alma. Isto não*

é imaginação nem coisa que me tenha acontecido só uma vez: aconteceu-me muitíssimas vezes, e tenho-o verificado com grande advertência."[12]

Um dia, Santa Teresa, ao sofrer grandes perturbações e tormentos malignos, pediu que lhe dessem água benta:

"Como o tormento não cessava, disse às que me rodeavam: 'Se não se rissem, pediria água benta'. Trouxeram-na e aspergiram-me com ela, mas sem resultado. Tomei-a eu e lancei-a para o lugar onde estava o demônio, e imediatamente fugiu, e desapareceu-me todo o mal, como se mo tivessem tirado com a mão. Apenas fiquei cansada, como se me tivessem dado muitas pauladas."[13]

A irmã Ana de Jesus, secretária de Santa Teresa, deixou o seguinte testemunho:

"A Santa não empreendia nunca uma viagem sem levar consigo água benta. Sofria muito se se esquecia. Por isso, todas nós levávamos um pequeno frasco de água benta pendurado à cintura e ela queria levar o seu."[14]

Este é um conselho válido para todas nós!

---

12 *Livro da Vida,* 31,4.

13 *Livro da Vida,* 31,5.

14 *O Diabo, hoje,* p. 91, Georges Huber.

ORAÇÃO PARA BEBER ÁGUA BENTA

Senhor Jesus Cristo, esta água é, para mim, a que jorrou do Vosso peito aberto na Cruz. Que, ao penetrar no meu corpo, limpe todas as impurezas do meu coração; que ela torne minha língua digna de palavras que agradem a Vós e aos meus irmãos. Que esta santa água cure as enfermidades de que necessitam de alívio. Cure também as que estão escondidas no mais íntimo do meu ser. Fonte de vida, que todo o meu ser sinta, ó Água Santa e bendita de Deus, o amor misericordioso do Senhor dentro de mim. Amém!

O sal é sinal da vida nova em Cristo. Assim como ele dá sabor aos alimentos, além de conservá-los e preservá-los da deterioração, o sal bento é sinal da presença do Espírito Santo, que dá sabor à nossa alma, a preserva do pecado e a faz crescer para a vida eterna: *"Vós sois o sal da terra e a luz do mundo"* (Mateus 5,13-16).

"Deus eterno e onipotente, abençoai este sal, Vós que ordenastes ao profeta Eliseu que o misturasse na água para remediar a sua esterilidade. Fazei que, mediante a aspersão purificadora do sal e da água, sejamos livres do poder do inimigo e sempre protegidos pela presença do Espírito Santo."[15]

O sal exorcizado, assim como a água, tem poder para expulsar demônios e preservar a saúde da alma e do corpo, mas uma das suas ações específicas é proteger

---

15 Oração de bênção do sal feita pelos sacerdotes.

os lugares de influências ou presenças maléficas. Nestes casos, é aconselhado espalhar o sal exorcizado sobre a soleira da porta da casa e nos quatro cantos da divisão ou divisões que se suspeita estarem infestadas.

O óleo é símbolo da unção do Espírito Santo. Ele dá brilho em tudo aquilo que toca, dá gosto aos alimentos e espalha um bom perfume. Em nós, o óleo age espiritualmente dando brilho, sentido, perfume e luz à nossa vida. Era usado para curar os doentes e traz uma grande força de cura e libertação. Utilizado com fé, o óleo enfraquece o poder dos demônios e faz recuperar a saúde da alma e do corpo.

As velas bentas também são sacramentais poderosos, e precisamos aprender a utilizá-los. Sempre aprendi com minha mãe a acender vela para rezar, e quantos sinais via quando ela se ajoelhava em seu cantinho de oração. Não faltava vela nos oratórios da nossa casa! Hoje, elas também fazem parte da minha vida espiritual.

As velas bentas acesas são símbolos da luz que vence as trevas e da vida que vence a morte. Onde há fogo, há luz e vida. Costumamos rezar, como Santa Catarina de Sena, clamando: SANGUE E FOGO! O fogo nos relembra a força da vida e o poder do Preciosíssimo Sangue de Cristo.

Jesus disse: "*Quando acendemos uma vela, não é para a colocarmos debaixo da mesa, mas sobre o castiçal, para que ela ilumine a todos os que estão em casa. Assim também deve brilhar a vossa luz diante dos homens, para que eles vejam vossas boas obras e glorifiquem vosso Pai que está nos céus*" (Mateus 5,14). Jesus comparou a fé a uma vela acesa: aquele que vive sua fé é como uma vela acesa que ilumina os outros. Acender uma vela é sinal da nossa oração e da nossa confiança no Pai; é sinal do nosso amor filial e dos nossos sacrifícios que oferecemos a Deus. A vela também traz o sentido de velar, de vigiar, de tomar cuidado para não cair em pecados, o que é uma exigência de quem tem fé em Deus e quer viver segundo a Sua vontade.

ORAÇÃO AO ACENDER UMA VELA[16]

Senhor, que esta vela que eu acabo de acender seja luz, a fim de que Vos digneis me esclarecer nas minhas dificuldades e nas minhas decisões. Que seja fogo vivo, a fim de queimar em mim todo egoísmo, orgulho e impureza. Que seja chama, a fim de que aqueça meu coração. Deixando arder esta vela, é um pouco de mim mesmo que Vos quero dar. Que esta oração se prolongue na minha oração nas atividades desse dia. Amém!

Amadas, sabemos que dias maus nos rondam. É tempo de conversão, oração e ação. Use as armas espirituais que o Senhor está lhe dando. Não perca mais tempo! Levante-se, pois Deus está contando com você!

---

16 Oração encontrada na Catedral de São Pedro, em Lisieux, na França. Paróquia de Santa Teresinha do Menino Jesus.

Qual decisão você toma a partir desse capítulo?

BIBLIOGRAFIA

BENTO XVI, Papa. **Carta aos Seminaristas (18 de outubro de 2010)**. [s.d.]. Disponível em: https://www.vatican.va/content/benedict-xvi/pt/letters/2010/documents/hf_ben-xvi_let_20101018_seminaristi.html. Acesso em: 19 set. 2024.

Biblia De Jerusalem. São Pualo, SP: Paulus Editora, 2022.

Bíblia Sagrada Tradução Oficial da CNBB - 6ª edição: (semi-luxo). 6. ed. Brasília, DF: Conferencia Nacional Dos Bispos Do Brasil - Edições CNBB, 2022.

BLANK, Renold. Escatologia da pessoa: Vida, morte e ressurreição. São Paulo, SP: Paulus Editora, 2014.

CACTUS. **8 dados sobre a saúde mental das mulheres - Instituto Cactus**. 2022. Disponível em: https://institutocactus.org.br/8-dados-sobre-a-saude-mental-das-mulheres/. Acesso em: 19 set. 2024.

CARPENTER, Raquel. **Aprenda a Lutar: Um itinerário de cura das emoções com São Rafael**. São Paulo, SP: Angelus Editora, 2022.

CARPENTER, Raquel. **O Poder do Sangue de Jesus**. São Paulo, SP: Angelus Editora, 2020.

CARPENTER, Raquel. **Os 12 segredos e promessas do Sangue de Jesus**. Vitória, ES, 2024.

CASTRO, Roberto. **A verdadeira realização sexual**. São Paulo, SP: Canção Nova - Cachoeira Paulista, 2015.

Catecismo Da Igreja Católica (ed. De Bolso Capa Cristal). São Paulo, SP: Edições Loyola, 2022.

CROISSANT, Jo. **O Corpo: Templo da Beleza**. [s.l.]: Shalom, 2006.

DITCHFIELD, Chritin. **O poder de comunicação da mulher**. Rio de Janeiro, RJ: Central Gospel, 2012.

FRANCISCO, Papa. **Santa Missa por ocasião da festa de Nossa Senhora de Guadalupe (12 de dezembro de 2019)**. [s.d.]. Disponível em: https://www.vatican.va/content/francesco/pt/homilies/2019/documents/papa-francesco_20191212_omelia-guadalupe.html. Acesso em: 19 set. 2024.

GRÜN, Anselm; REEPEN, Michael. **Rezar com o corpo: o poder curativo dos gestos**. São Paulo, SP: Editora Vozes, 2021.

Homem e mulher criados à imagem de Deus. 2021. Disponível em: https://formacao.cancaonova.com/igreja/catequese/homem-e-mulher-criados-a-imagem-de-deus/. Acesso em: 19 set. 2024.

HUBER, Georges. **O diabo, hoje**. São Paulo, SP: Quadrante Editora, 2023.

JOÃO PAULO II, Papa. **Dominum et Vivificantem (18 de maio de 1986)**. [s.d.]. Disponível em: https://www.vatican.va/content/john-paul-ii/pt/encyclicals/documents/hf_jp-ii_enc_18051986_dominum-et-vivificantem.html. Acesso em: 19 set. 2024.

JOÃO PAULO II, Papa. **Mulieris Dignitatem (15 de agosto de 1988)**. [s.d.]. Disponível em: https://www.vatican.va/content/john-paul-ii/pt/apost_letters/1988/documents/hf_jp-ii_apl_19880815_mulieris-dignitatem.html. Acesso em: 19 set. 2024.

JOÃO PAULO II, Papa. **Teologia do Corpo**. Dois Irmãos, RS: Minha Biblioteca Católica, 2021.

MONTAGU, Ashley. **Tocar: o significado humano da pele**. 9. ed. São Paulo: Summus, 1988.

Papa: Deus nos ama como um pai e uma mãe. 2018. Disponível em: https://www.vaticannews.va/pt/papa-francisco/missa-santa-marta/2018-03/papa-francisco-missa-santa-marta-1.html. Acesso em: 19 set. 2024.

TERESA DE JESUS, Santa. **Caminho de perfeição**. São Paulo, SP: Editora Vozes, 2021.

TERESA DE JESUS, Santa. **Livro Da Vida (luxo**. 2. ed. São Paulo, SP: Paulus Editora, 2020.